Edition Illustrée.

ALFRED CAPUS

✿

LA VEINE

BRIGNOL ET SA FILLE

PARIS

MODERN-THÉATRE

ARTHÈME FAYARD, ÉDITEUR

18-20, RUE DU SAINT GOTHARD 18-20

LA VEINE

BRIGNOL ET SA FILLE

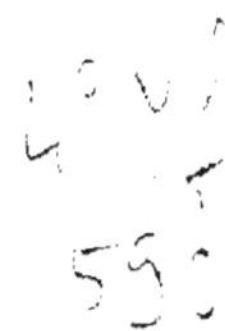

M. Alfred Capus.

ALFRED CAPUS

LA VEINE

BRIGNOL ET SA FILLE

ILLUSTRATIONS D'APRÈS LES DESSINS

DE

G.-S. DE FONSECA

PARIS

MODERN-THÉATRE

ARTHÈME FAYARD, ÉDITEUR

18-20, RUE DU SAINT-GOTHARD, 18-20

PERSONNAGES

	Aux Variétés :	*Au Vaudeville :*
	MM.	MM.
JULIEN BREARD	Lucien Guitry.	Duměny.
EDMOND TOURNEUR	Albert Brasseur.	Louis Gauthier.
CHANTEREAU	Guy.	Joffre.
SIGISMOND	Prince.	Levesque.
LEBRANCARD	Simon.	Marcel Numa.
POUSSIER	Demay.	Camille Bert.
	Mmes	Mmes
CHARLOTTE LANIER	Jeanne Granier.	Jeanne Granier.
SIMONE BAUDRIN	Marcelle Lender.	Gabrielle Dorziat.
JOSEPHINE	Eve Lavallière.	Jeanne Heller.
GENEVIEVE	Debeyre.	Cécile Caron.
CLEMENCE	Lauthenay.	Delza.
LOUISE	Brésil.	Dherblay.
ROSALIE	Angèle Delys.	Vernières.
UNE BONNE	Delphine.	J. Marie-Laurent.

DEUX MESSIEURS. — UN COMMISSIONNAIRE
UN DOMESTIQUE.

LA VEINE

COMÉDIE EN QUATRE ACTES

Représentée pour la première fois sur la scène du théâtre des Variétés,
le 2 avril 1901,
reprise au théâtre du Vaudeville, le 21 décembre 1907.

CHARLOTTE.

ACTE PREMIER

*La scène représente une boutique de fleuriste, à Paris.
La devanture de la boutique est garnie de plantes et de
fleurs. A droite, une table sur laquelle sont des guirlandes et des corbeilles. A gauche, le comptoir. La porte donnant sur la rue au fond.*

SCÈNE PREMIÈRE

JOSEPHINE, CLÉMENCE, LOUISE,
UN GARÇON DE MAGASIN

Louise et Clémence travaillent à droite, arran-
geant les guirlandes et les corbeilles qui sont
sur la table. A gauche, Joséphine assoupie
sur une chaise, près du comptoir.

LE GARÇON DE MAGASIN, *entrant à droite,
un paquet à la main* — Il arrive deux paniers... roses et violettes de Parme.

LOUISE. — Eh bien! recevez-les. Madame n'est pas encore rentrée.

LE GARÇON. — Et puis ce paquet... de
la part de la lingère. Ce sont des modèles.
On attend la réponse.

CLÉMENCE. — Ah! voyons...

LOUISE, *lisant.* — Chemises de nuit...
chemises de jour... Madame répondra tout
à l'heure.

LE GARÇON. — Bon!

Il dépose le paquet et sort par la droite.

CLÉMENCE, *se remettant au travail.* —
Dépêchons-nous. Il faut cette guirlande
pour ce soir, vous le savez.

Entre Rosalie.

LOUISE. — ÇA VA ÊTRE FINI.

SCÈNE II

LES MÊMES, ROSALIE

ROSALIE. — Bonjour, mesdemoiselles. Mme Baudrin m'envoie vous demander si elle peut compter sur vous.

LOUISE. — Ça va être fini.

ROSALIE. — Vous aviez promis pour deux heures. Vous êtes en retard, comme toujours. Madame ne sera pas contente.

LOUISE. — Puisqu'on vous dit que c'est fait !

ROSALIE. — Alors, je peux dire à madame...

LOUISE. — Que tout sera chez elle dans une heure.

ROSALIE. — Bien. Au revoir, mesdemoiselles !

Elle sort.

CLÉMENCE. — Elle en fait des manières, celle-là !

LOUISE. — Autant que sa maîtresse.

CLÉMENCE. — La belle Mme Baudrin.

LOUISE. — On disait la belle Simone, l'an dernier. Cette année-ci, on dit la belle Mme Baudrin, parce que, dans l'intervalle, un imbécile lui a laissé trois millions en mourant.

CLÉMENCE. — C'est ce qu'on peut appeler un belle mort.

LOUISE, à Clémence, désignant Joséphine. — Regardez-moi cette fille-là... De quoi a-t-elle l'air ?

CLÉMENCE. — Elle a l'air d'une personne qui a passé la nuit à courir.

LOUISE, *élevant la voix*. — Eh bien ! Joséphine, vous n'avez pas honte de dormir à cinq heures de l'après-midi ?

JOSÉPHINE, *s'étirant*. — C'est vrai que je dormais... J'étais même en train de rêver que je tombais, que je tombais...

CLÉMENCE. — A quelle heure vous êtes-vous couchée ?

JOSÉPHINE. — A quatre heures du matin.

LOUISE. — Vous vous abîmerez la figure, à cette vie-là, et vous vous ruinerez la santé.

CLÉMENCE. — Et qu'est-ce que vous avez fait, pour vous coucher si tard ?

JOSÉPHINE. — Nous sommes allés souper, Henri et moi.

CLÉMENCE. — Où cela ? si je ne suis pas indiscrète.

JOSÉPHINE. — Chez une dame de nos amies qui pendait la crémaillère.

CLÉMENCE. — Une cocotte, probablement.

JOSÉPHINE. — Une femme entretenue, ce qui n'est pas la même chose.

CLÉMENCE. — Comment s'appelle-t-elle ?

JOSÉPHINE. — Laure... Laure de...

LOUISE. — Vous ne savez même pas son nom !

JOSÉPHINE. — Je l'ai oublié... Ça n'empêche pas que nous nous sommes amusés follement.

CLÉMENCE. — Je suis sûre, Joséphine, que cette existence vous plairait ?

JOSÉPHINE. — Beaucoup. J'aimerais avoir un appartement superbe, ou même un petit hôtel, avec une voiture, et des robes de deux à trois mille francs.

LOUISE. — Vous raisonnez comme une ouvrière d'il y a trente ans. Vous êtes vieux jeu, ma chère !

CLÉMENCE. — Vous me rappelez les grisettes d'autrefois, qui soupiraient après des cachemires.

JOSÉPHINE. — Chacun a ses idées.

CLÉMENCE. — Alors, quand vous voyez une femme couverte de diamants, cela vous épate ?

JOSÉPHINE. — Non ; mais...

CLÉMENCE. — Cela excite votre envie ou votre admiration ? Vous regrettez de ne pas être à sa place ?

JOSÉPHINE. — Certainement.

LOUISE. — Ah ! ma pauvre enfant ! vous êtes bien naïve ! Quel âge avez-vous donc ?

JOSÉPHINE. — Dix-neuf ans.

LOUISE. — Moi, j'en ai vingt et un, et Clémence que voilà est dans sa vingtième année. Vous pouvez vous en rapporter à notre expérience. Eh bien ! la vie de ces femmes-là est aussi dure que la nôtre ; et, pour gagner un collier de perles qu'elles seront peut-être obligées de porter au clou le lendemain, elles font des machines que je ne vous souhaite pas.

JOSÉPHINE. — Tenez, vous et Clémence, vous avez l'esprit gâté par la lecture des journaux. Vous êtes socialistes.

CLÉMENCE. — Absolument.

JOSÉPHINE. — Vous avez tort. Moi, je suis pour l'ancien système : les bijoux, les toilettes, le luxe.

LOUISE. — Vous me faites pitié.

CLÉMENCE. — Et vous accepteriez cela du premier venu ?

JOSÉPHINE. — Un homme capable d'offrir un hôtel à une femme n'est jamais le premier venu.

CLÉMENCE, *riant*. — Est-ce qu'on vous en a déjà offert souvent, ma petite ?

JOSÉPHINE. — Pas encore.

LOUISE. — C'est dommage.

CLÉMENCE. — Ça ne tardera pas, espérons-le.

JOSÉPHINE. — Qui sait ?

LOUISE, *à Clémence*. — Elle est étonnante !

JOSÉPHINE. — Apprenez, mesdemoiselles, que pas plus tard qu'avant-hier j'ai été suivie par un monsieur depuis le coin de l'avenue de l'Opéra jusqu'ici.

LOUISE. — Qui était ce monsieur ?

JOSÉPHINE. — Un monsieur très bien, qui avait fait arrêter son coupé. Je l'ai parfaitement vu.

CLÉMENCE. — Et vous a-t-il parlé, ce monsieur très bien ?

JOSÉPHINE. — Il ne m'a pas parlé, parce que j'étais avec Henri. (*Elle est à ce mo-*

ment près de la devanture et regarde dans la rue.) Ah! par exemple!

LOUISE. — Eh bien! qu'y a-t-il?

JOSÉPHINE. — Le voilà encore... Je le reconnais... Oh! c'est bien lui.

Elle se redresse.

LOUISE. — Ne vous pavanez donc pas comme ça devant la fenêtre. Ma parole! vous êtes indécente!

JOSÉPHINE, *se reculant un peu.* — Il regarde par ici.

Elle s'éloigne après avoir jeté un dernier coup d'œil.

CLÉMENCE. — N'ayez donc pas peur; s'il veut vous retrouver, il vous retrouvera.

JOSÉPHINE, *avec dignité.* — Et surtout, si moi je le veux.

LOUISE. — Oh!...

CLÉMENCE. — Et ce pauvre Henri, qu'est-ce qu'il deviendrait dans cette combinaison?

JOSÉPHINE. — Il est convenu avec lui que, du jour où je trouverais une situation, on se quitterait comme de bons amis.

CLÉMENCE. — On n'est jamais si bons amis que quand on se quitte.

LOUISE, *avec ironie.* — Ce que je vois de plus clair là dedans, c'est que Joséphine va rouler carrosse.

JOSÉPHINE. — Vous seriez bien étonnées, mesdemoiselles!

LOUISE. — En aucune façon. Vous êtes assez jolie pour tourner la tête à quelqu'un.

CLÉMENCE. — Certes!... J'espère que vous reviendrez voir vos anciennes camarades?

JOSÉPHINE. — Moquez-vous de moi. Je suis bonne fille.

LOUISE, *venant vers elle.* — Ma chère petite, je vais vous parler sérieusement, maintenant. Vous êtes dans une très mauvaise voie. Vous croyez encore aux gens qui viennent mettre leur fortune aux pieds de la femme aimée? Il n'y en a plus. Il n'y a plus que des boursiers qui vous paient tout juste à souper, ce qui est très

fatigant, et des gommeux qui mettent leur amour-propre à ne pas vous offrir seulement un chapeau. Résignez-vous à rester ici. Le métier n'est pas mauvais, on gagne sa vie; nous avons une patronne intelligente et pas rosse du tout... Contentez-vous donc de cela, ma chère; c'est un conseil d'amie que je vous donne.

Charlotte a ouverte la porte de droite; elle entre en entendant ces derniers mots.

———— ——

SCÈNE III

———

LES MÊMES, CHARLOTTE, puis CHANTEREAU

CHARLOTTE. — C'est très bien, Louise, de ne pas dire du mal de la patronne quand elle est absente.

LOUISE. — Je dis ce que je pense, madame.

CHARLOTTE. — Vous êtes très gentilles toutes les trois... Est-ce que M. Chantereau est venu?...

CLÉMENCE. — Pas encore, madame... Il n'est venu que la lingère.

CHARLOTTE. — A-t-elle apporté mes modèles?

CLÉMENCE. — Oui, madame.

CHARLOTTE. — Voyons... *(Elle entr'ouvre le paquet.)* Mais c'est du linge de cocotte, ça!... Je n'en veux pas... Pour qui me prend-elle! *(Allant à la table de droite.)* Et la guirlande de Mme Baudrin, où en est-ce?

CLÉMENCE. — Regardez, madame.

CHARLOTTE. — Pas mal... *(Prenant un des bouquets.)* Il faudrait m'incliner ces fleurs-là un peu à gauche... Je ne vois pas autre chose à changer. *(Prenant l'autre.)* Et pour ceci je voudrais un ruban orange au lieu d'un grenat.

LOUISE, *prenant un bouquet et s'apprêtant à sortir par la droite.* — N'est-ce pas, madame, qu'à notre époque il vaut mieux pour une femme avoir un métier honorable que de faire la noce?

CHARLOTTE. — Qu'est-ce que vous dites?

LOUISE. — Nous discutions ça quand vous êtes entrée, madame.

CLÉMENCE. — Et nous voudrions avoir votre avis.

CHARLOTTE. — Vous me posez là une question très délicate, mes enfants. Pour bien vous répondre, il faudrait que j'aie pu comparer. Or, je n'ai pas été cocotte.

JOSÉPHINE. — Et pourtant, il n'aurait tenu qu'à vous, patronne, élégante comme vous l'êtes...

CHARLOTTE. — Je n'ai aucun mérite : l'occasion ne s'est pas présentée. Cependant je vais vous dire à peu près ce que je pense.

LOUISE. — Ah !

Elles entourent Charlotte toutes les trois.

CHARLOTTE. — Eh bien ! je pense que toutes les professions sont pleines de difficultés, et que les femmes ne doivent pas se mépriser entre elles. Si c'est un conseil que vous me demandez, je vous dirai de

M. Chantereau.

rester honnêtes le plus longtemps que vous pourrez ; d'abord, vous ne risquez rien. Mais le jour où le hasard vous fera rencontrer un homme qui vous aimera et que

vous aimerez aussi, tâchez de ne plus le quitter et de l'aider de toutes vos forces, car c'est encore avec un homme qu'une femme se tire le mieux d'affaire dans l'existence.

LOUISE. — Pourtant, vous, patronne, vous êtes seule, et vous avez fait votre fortune.

CHARLOTTE. — Ma fortune ! Elle n'est pas faite, hélas ! il s'en faut de beaucoup. Et puis, je ne suis pas un modèle de toutes les vertus, il ne faudrait pas croire cela ; j'ai fait des b'tises comme tout le monde.

TOUTES LES TROIS, *avec curiosité, se rapprochant*. — Vraiment ?

JOSÉPHINE, *joignant les mains*. — Oh ! racontez-nous-le, patronne !

CHARLOTTE. — Ce sera pour une autre séance, mes enfants. (*Paraît Chantereau, serviette sous le bras, tenue et gestes d'homme d'affaires*.) Bonjour, monsieur Chantereau, je vous attendais.

CHANTEREAU. — Madame... mesdemoiselles... votre serviteur.

CHARLOTTE, *aux ouvrières*. — Allez donc défaire les paniers qui viennent d'arriver. Je vous rejoins.

Clémence, Louise et Joséphine se retirent par la droite.

SCÈNE IV

CHARLOTTE, CHANTEREAU

CHARLOTTE, *vivement*. — Vous êtes-vous occupé de moi?

CHANTEREAU. — Tous ces jours-ci.

CHARLOTTE. — Où en sommes-nous?

CHANTEREAU. — Voilà. J'ai établi votre actif et votre passif, sou par sou, comme c'était convenu. Vous devez beaucoup plus que vous ne croyiez... N'en soyez pas surprise. On doit toujours beaucoup plus qu'on ne croit.

CHARLOTTE. — Mais alors, comment vais-je faire?

CHANTEREAU. — C'est très grave.

CHANTEREAU. — C'EST TRÈS GRAVE.

CHARLOTTE. — Est-ce que je vais être obligée de liquider?

CHANTEREAU. — Hum!...

CHARLOTTE. — Vous n'avez donc pas expliqué aux créanciers que leur intérêt est de patienter? que la maison n'a que deux ans d'existence et qu'il faut donner à la clientèle le temps de venir? Nous avons vu beaucoup de monde aujourd'hui. (*Entre un monsieur.*) Tenez, voilà encore quelqu'un. (*Au monsieur.*) Vous désirez, monsieur?

LE MONSIEUR. — Une botte de violettes.

CHARLOTTE. — Voici, monsieur. Comme cela, n'est-ce pas?

LE MONSIEUR. — A merveille... Combien?

CHARLOTTE. — Trois francs...

Le monsieur paie et sort.

CHARLOTTE, *à Chantereau.* — Il suffit d'un rien pour lancer une maison à Paris. C'est insensé que les gens ne comprennent pas ça!

CHANTEREAU. — Les créanciers n'entrent pas dans ces considérations.

CHARLOTTE. — Quels idiots!

CHANTEREAU. — Tenez, ce qu'il vous faudrait, ce serait une bonne somme de vingt à vingt-cinq mille francs qui vous permettrait de tenir le coup et de vous débarrasser de tous ces gêneurs.

CHARLOTTE. — Vous devriez me trouver cela, mon cher monsieur Chantereau.

CHANTEREAU. — C'est fait.

CHARLOTTE. — Vous avez trouvé quelqu'un qui consentirait à me prêter?...

CHANTEREAU. — Oui.

CHARLOTTE. — Qui?

CHANTEREAU. — Moi.

CHARLOTTE, *lui serrant la main.* — Mais il fallait me dire cela tout de suite, au lieu de me mettre la mort dans l'âme ! Asseyez-vous donc.

CHANTEREAU. — Par exemple, il y a une petite condition.

CHARLOTTE. — Tout ce que vous voudrez. Et laquelle ?

CHANTEREAU. — Laquelle ?... Vous me demandez laquelle ! *(Hésitant.)* Heu !... Vous vous appelez Charlotte Lanier, n'est-ce pas ? Mlle Charlotte Lanier ?

CHARLOTTE. — Vous le savez bien.

CHANTEREAU. — Moi, je m'appelle Chantereau, Jules Chantereau. J'ai quarante-deux ans.

CHARLOTTE. — Vous ne les paraissez pas.

CHANTEREAU. — Parce que j'ai mené une existence régulière... Eh bien ! la condition, c'est que vous ne vous appeliez plus Mlle Lanier, mais Mme Chantereau.

CHARLOTTE. — Ah bah !

CHANTEREAU. — Voilà.

CHARLOTTE. — Vous voulez m'épouser, vous !... Qu'est-ce qui vous a donné cette idée-là ?

CHANTEREAU. — Plusieurs choses. D'abord je suis amoureux de vous.

CHARLOTTE. — Celle-là, par exemple !

CHANTEREAU. — Vous ne vous en étiez jamais aperçue ?

CHARLOTTE. — Non, je l'avoue.

CHANTEREAU. — C'est pourtant facile à deviner.

CHARLOTTE. — A quoi, mon Dieu ?

CHANTEREAU. — A des détails... Ainsi, quand j'ai commencé à m'occuper de vos affaires, il y a un mois, est-ce que je vous ai demandé une provision ?

CHARLOTTE. — Une provision ?

CHANTEREAU. — De l'argent d'avance... Je ne vous en ai pas demandé, n'est-ce pas ?

CHARLOTTE. — C'est vrai.

CHANTEREAU. — Un homme d'affaires qui ne demande pas d'argent d'avance, rien que cela aurait dû vous donner une indication.

CHARLOTTE. — Mon pauvre monsieur Chantereau, il n'y a qu'un obstacle à ce beau projet : c'est que je ne veux pas me marier.

CHANTEREAU. — Laissez-moi ajouter un mot... Je connais votre existence à fond ; vous n'auriez pas grand'chose à me cacher.

LE MONSIEUR PAIE ET SORT.

CHARLOTTE. — Est-ce que vous seriez de la police ?

CHANTEREAU. — Si j'étais de la police, je ne saurais rien. J'ai pris des informations sur vous, ce n'était pas bien difficile. Vous êtes une très brave personne. A vingt ans, vous habitiez les Batignolles avec vos parents qui étaient vieux et qui sont morts. Vous avez été séduite par un employé de la Place Clichy, avec qui vous avez vécu cinq ans ; il vous a quittée. Depuis, vous vous êtes très bien conduite et vous n'avez pas pris d'amant. Vous avez travaillé de votre état. Il y a deux ans, une cousine éloignée vous a laissé quelques billets de mille francs. Vous avez monté un magasin de fleurs ; mais vous avez fini par manger vos capitaux. Aujourd'hui vous êtes à la veille de liquider et de vous trouver sans ressources, obligée de retravailler de vos dix doigts... Réfléchissez donc bien avant de me répondre définitivement.

CHARLOTTE. — Oh! c'est tout réfléchi.

CHANTEREAU. — Vous refusez?

CHARLOTTE. — En vous remerciant de la bonne opinion que vous avez de moi, cependant.

CHANTEREAU. — Vous avez le plus grand tort de refuser. Entre autres avantages pratiques, ce mariage aurait celui de vous éviter une folie... une folie que vous êtes sur le point de commettre.

CHARLOTTE. — Moi?

CHANTEREAU. — Vous.

CHARLOTTE. — Et en quoi consisterait cette folie?

CHANTEREAU. — Elle consisterait à devenir la maîtresse de M. Julien Bréard, avocat, demeurant au quatrième étage de cet immeuble, trois étages au-dessus du vôtre.

CHARLOTTE. — Il paraît que vous avez pris aussi des renseignements sur M. Bréard?

CHANTEREAU. — Je n'avais pas besoin de les prendre, je les avais. Avocat sans clients, paresseux et ambitieux à la fois, égoïste; aucun avenir, à moins d'une chance extraordinaire que rien ne fait prévoir; couvert de dettes. Je lui ai fait prêter plusieurs fois de l'argent, il ne l'a rendu que contraint et forcé; il m'en doit encore personnellement. Un de ces jours, je vais le poursuivre à blanc.

CHARLOTTE. — Dites tout de suite que c'est un malhonnête homme.

CHANTEREAU. — Non, je ne crois pas; mais c'est la pire connaissance que puisse faire une femme comme vous. Comment! vous êtes intelligente, vous êtes active, vous avez de l'initiative, des idées; si vous aviez reçu de l'instruction, vous auriez été une femme remarquable; et vous allez!... Mais Bréard ne vous comprendra jamais! il vous traitera comme la première venue et vous plantera là, son caprice satisfait...

CHARLOTTE. — D'abord, ce serait mon affaire et non la vôtre. Et puis, qui vous a raconté cette histoire?... Je le connais à peine, moi, votre M. Bréard; je l'ai vu peut-être dix fois dans ma vie... C'est un voisin, voilà tout.

CHANTEREAU. — Il est toujours fourré ici.

CHARLOTTE. — C'est une erreur. Il vient de temps en temps. Il nous apporte des billets de théâtre.

CHANTEREAU. — Il ne vous a jamais fait de déclaration?

CHARLOTTE. — Jamais! ma parole!... Qu'est-ce qui vous prouve, d'ailleurs, que c'est pour moi qu'il vient? Il y a trois ouvrières très gentilles.

CHANTEREAU. — Oh!...

CHARLOTTE. — Pourquoi pas?

CHANTEREAU. — Evidemment, ce n'est pas impossible.

CHARLOTTE. — Vous voyez!

CHANTEREAU, *avec intention*. — Le fait est que je l'ai rencontré une fois, sous la voûte, causant d'assez près avec Joséphine.

CHARLOTTE, *vivement*. — Lui! avec Joséphine!... Allons donc!... Où l'avez-vous rencontré? Sous la voûte.

CHANTEREAU. — Rassurez-vous : ce n'est pas vrai. Je voulais m'assurer s'il y avait encore de l'espoir. Il n'y en a plus.

CHARLOTTE. — Comme c'est malin!

CHANTEREAU. — Vous aimez mieux être la maîtresse d'un gommeux que la femme légitime d'un homme qui s'habille mal.

CHARLOTTE. — Je ne serai jamais la femme légitime ou la maîtresse que d'un homme que j'aimerai... et je ne vous aime pas.

CHANTEREAU. — Et vous aimez M. Bréard, d'après ce que je vois?

CHARLOTTE. — Ça ne vous regarde pas... Allons, monsieur Chantereau, sans rancune?

CHANTEREAU. — Oh! sans rancune. Nous ne sommes plus, moi qu'un homme d'affaires, vous que ma cliente. Ne parlons donc que de vos intérêts et pas d'autre chose. Quand comptez-vous payer les divers fournisseurs qui réclament leur argent ?

CHARLOTTE. — Je ne sais pas.

CHANTEREAU. — Alors, il faut vous attendre à tout de leur part.

CHARLOTTE. — C'est bon. Je m'arrangerai.

CHANTEREAU, *changeant de ton.* — Voyons... une dernière fois ?... Non ?

CHARLOTTE. Non ! Je me passerai

CHANTEREAU. — Adieu, madame. (*Voyant Julien Bréard qui entre.*) (*A part.*) Ah ! ah ! voici le pistolet !...

SCÈNE V

LES MÊMES, JULIEN

JULIEN. — Madame... Tiens, Chantereau... Ça va bien ?

CHANTEREAU. — ADIEU, MADAME.

de vous. J'en ai vu bien d'autres dans la vie !

CHANTEREAU. — Et ce n'est pas fini !

CHARLOTTE. — Advienne que pourra ! Adieu, Chantereau.

CHANTEREAU, *sèchement.* — Pas mal.

Il s'éloigne.

JULIEN. — Hé ! nous sommes de mauvaise humeur, à ce qu'il paraît ?

CHANTEREAU. — Très mauvaise.

JULIEN. — Ne faites pas les gros yeux, Chantereau. On sait bien que vous êtes un bon garçon.

CHANTEREAU. — Non, monsieur, je ne suis pas un bon garçon, et vous ne tarderez pas à vous en apercevoir.

Il sort après avoir salué Charlotte.

SCÈNE VI

JULIEN, CHARLOTTE

JULIEN, *allant prendre la main de Charlotte.* — Je vous demande pardon d'avoir répondu à cet imbécile devant vous.

CHARLOTTE. — Méfiez-vous de lui.

JULIEN, *riant.* — Et vous aussi.

CHARLOTTE. — Soyez tranquille.

JULIEN. — Je ne vous dérange pas?

CHARLOTTE. — Pas pour le moment.

JULIEN, *souriant.* — Dites-moi, est-ce que vous connaissez Le Havre?

CHARLOTTE, *étonnée.* — Le Havre? Non.

JULIEN. — Tant mieux. Je parie même que vous n'avez pas vu la mer depuis longtemps?

CHARLOTTE. — Depuis cinq ans. Je suis allée au Mont-Saint-Michel en train de plaisir. Ça et les environs de Paris, voilà tous mes déplacements.

JULIEN. — C'est parfait! Alors, vous iriez au Havre volontiers, avouez-le?

CHARLOTTE. — C'est même un projet que j'avais fait depuis longtemps, de profiter d'un jour de vacances.

JULIEN. — Tout va bien. Figurez-vous que j'ai un procès au Havre lundi.

CHARLOTTE. — Un procès que vous plaidez?

JULIEN. — Dame!...

CHARLOTTE. — Vous plaidez donc quelquefois?

JULIEN. — C'est mon état... Il faut donc que je sois là-bas lundi à midi. On pourrait partir ce soir samedi, et on aurait toute la journée du dimanche pour visiter la ville et les environs.

CHARLOTTE. — Partir, qui?

JULIEN. — Mais, nous deux.

CHARLOTTE. — Nous deux!

JULIEN. — Vous et moi.

CHARLOTTE. — Vous voulez rire?

JULIEN. — Je voudrais bien!... Il y a un train ce soir à sept heures cinquante; on arrive à onze heures. Nous dînerions dans le wagon-restaurant en bons camarades... et demain...

CHARLOTTE. — Et demain?

JULIEN. — Nous ferions une jolie promenade en bateau.

CHARLOTTE. — Comme si de rien n'était.

JULIEN. — Voilà!

CHARLOTTE. — Eh bien! votre petite combinaison n'est pas pratique du tout.

JULIEN, *s'approchant d'elle, tout près.* — Vous ne voulez pas?

CHARLOTTE, *troublée.* — Non... c'est impossible... Éloignez-vous, voyons. Si on entrait!

JULIEN. — Je vous aime beaucoup.

CHARLOTTE. — Vous ne m'aimez pas du tout. Vous passeriez volontiers une journée au Havre avec moi, je ne dis pas non...

JULIEN. — Je ne vous inspire donc pas un peu de sympathie?

CHARLOTTE. — J'en aurai toujours trop.

JULIEN. — C'est convenu, alors?

CHARLOTTE. — Non.

JULIEN. — Si. Ce voyage avec vous sera exquis. Je ne pense plus qu'à cela... Acceptez, ma petite Charlotte. D'abord, je suis sûr que vous en avez envie.

CHARLOTTE. — Une autre fois, nous verrons. Pas cette fois-ci.

JULIEN. — Une autre fois, ce sera moins bien. Et puis, ce ne sera plus improvisé. Je rêve d'être une journée entière tout seul avec vous, de voir votre figure si animée, vos yeux si brillants, les jolis mouvements que vous avez pour faire la moindre des choses; et j'ai tant de plaisir aussi à causer avec vous!

CHARLOTTE, *riant*. — Du plaisir à causer avec moi!... Celle-là est drôle!... Mais je ne suis qu'une bête!

JULIEN, *indigné*. — Qui vous a dit ça?

CHARLOTTE. — Je m'en rends compte... D'ailleurs, je n'ai pas été à l'école seulement six mois. Vous, vous êtes un savant... un avocat.

JULIEN. — J'ai oublié tout ce que vous n'avez pas appris. Le résultat est le même.

CHARLOTTE. — Taratata! Croyez-vous que je ne sente pas la différence qu'il y a entre nous? Je vous plais, par hasard; au bout de deux jours, vous auriez de moi par-dessus la tête, tant j'aurais dit de sottises.

Entre un monsieur.

LE MONSIEUR. — Combien cette corbeille?

CHARLOTTE. — Soixante francs.

LE MONSIEUR, *après quelques mots à voix basse*. — Je compte sur votre exactitude.

Sort le monsieur.

JULIEN. — Ça va, la clientèle, ça va...

CHARLOTTE. — Savez-vous ce que vous devriez faire, à votre âge? Vous devriez vous marier, au lieu de faire la cour à vos voisines. Vous n'y avez jamais songé?

JULIEN. — A me marier?

CHARLOTTE. — Oui.

JULIEN. — Pas un instant.

CHARLOTTE. — Qu'est donc devenue cette femme avec qui on vous rencontrait tout le temps, le mois dernier?

JULIEN. — Elle ne me l'a pas envoyé dire.

CHARLOTTE. — Comment vous êtes-vous séparés? Est-ce vous qui l'avez quittée, ou elle?

JULIEN. — Je cherche.

CHARLOTTE. — Ce doit être vous.

JULIEN. — Je crois en effet que c'est moi.

CHARLOTTE. — Et pourquoi?

JULIEN. — Pourquoi je l'ai quittée?... Je l'ai quittée parce qu'elle a pris un autre amant.

CHARLOTTE. — Tenez, vous n'êtes pas sérieux. Je commence à croire que j'ai plus d'expérience de la vie que vous.

JULIEN. — Vous êtes exquise, voilà ce que vous êtes.

CHARLOTTE. — Une chose qui me tenterait, ce serait d'être un peu votre confidente... Je suis sûre que je vous donnerais de très bons conseils.

JULIEN. — Bons ou mauvais, je les suivrais.

CHARLOTTE. — Et, qui sait? je vous éviterais peut-être bien des sottises... Vous devez en faire beaucoup.

JULIEN. — Ça dépend.

CHARLOTTE. — On dit que vous êtes très paresseux.

JULIEN. — Qui... on?...

CHARLOTTE. — N'importe... on dit aussi que vous êtes très négligent... Oh! je n'ai pas de bonnes notes sur votre compte!

JULIEN. — Je parie que c'est Chantereau?... Sous prétexte que je lui dois de l'argent...

CHARLOTTE. — Comment! vous avez des dettes?

JULIEN. — Pourquoi n'en aurais-je pas?

CHARLOTTE. — Et vous ne les payez pas, probablement.

JULIEN. — C'est pour ça que je les ai.

CHARLOTTE. — Vous allez gâcher votre vie, si vous n'êtes pas plus raisonnable, monsieur Julien. Moi, à votre place, avec l'éducation que vous avez reçue, je voudrais arriver très haut. Vous n'êtes donc pas ambitieux?

JULIEN. — Mais si!

CHARLOTTE. — Je voudrais être un grand avocat, ou bien un député, un ministre... je ne sais pas, moi... quelqu'un de célèbre.

JULIEN, *riant*. — J'y songe.

CHARLOTTE. — Mais vous ne faites rien pour cela.

JULIEN. — J'attends la veine.

CHARLOTTE. — Vous pourriez l'attendre longtemps.

JULIEN. — Qui sait ?

CHARLOTTE. — Oh ! si vous êtes superstitieux...

JULIEN. — Je ne suis pas superstitieux... Je crois que tout homme un peu bien doué, pas trop sot, pas trop timide, a dans la vie son heure de veine, un moment où les autres hommes semblent travailler pour lui, où les fruits viennent se mettre à portée de sa main pour qu'il les cueille. Cette heure-là, ma petite Charlotte, c'est triste à dire, mais ce n'est ni le travail, ni le courage, ni la patience qui nous la donnent. Elle sonne à une horloge qu'on ne voit pas, et tant qu'elle n'a pas sonné pour nous, nous avons beau déployer tous les talents et toutes les vertus, il n'y a rien à faire, nous sommes des fétus de paille.

CHARLOTTE. — Comme c'est faux, ce que vous dites là, et surtout décourageant !

JULIEN, *regardant sa montre*. — Aussi, je m'arrête. Parlons de choses sérieuses. Le train du Havre est à sept heures cinquante. Nous nous rendrons à la gare chacun de son côté, afin d'enlever au concierge un sujet de conversation, et...

CHARLOTTE. — Vous avez trouvé cela ?

JULIEN. — A propos... est-ce que vous avez un sac de voyage ? Non, n'est-ce pas ? Vous ne voyagez jamais.

CHARLOTTE, *riant*. — Et ce ne sera pas aujourd'hui.

JULIEN. — Pas d'observations. Je vais vous envoyer tout à l'heure un petit sac, gentil comme tout, que je choisirai moi-même. Vous y mettrez tout ce qu'il faut.

CHARLOTTE. — Merci du cadeau. Ça me servira plus tard. Mais ce soir, monsieur Julien, je crois bien que vous voyagerez seul. C'est samedi, et tous les samedis je dîne avec mon amie Geneviève, une amie d'enfance que vous avez déjà rencontrée ici, et qui va même arriver bientôt, car la classe doit être finie.

JULIEN. — Ah ! oui, elle est institutrice, Mlle Geneviève.

CHARLOTTE. — Nous étions à l'école ensemble, toutes petites. Seulement, elle, elle a continué ses études.

JULIEN. — Est-elle plus heureuse que vous ?

CHARLOTTE. — En tous cas, avec les goûts qu'elle a, elle ne sera jamais malheureuse... tandis que moi...

JULIEN. — Vous, vous serez très heureuse, et vous rendrez très heureux aussi les gens qui seront autour de vous... C'est pourquoi je veux être autour de vous. Au revoir, je vais acheter votre petit sac... (*Ouvrant la porte pendant qu'entre Joséphine.*) Alors, madame, je peux compter sur votre exactitude : sept heures cinquante !

Il sort.

JOSÉPHINE. — Si madame veut venir voir ?

CHARLOTTE. — J'y vais... j'y vais...

JOSÉPHINE. — Les roses et les violettes sont très belles, madame. Je crois qu'elles peuvent attendre jusqu'à lundi.

CHARLOTTE. — Ça vaudrait mieux.

Elle sort.

SCÈNE VII

JOSEPHINE, TOURNEUR

TOURNEUR, *entrant*. — (*A part.*) Ah ! elle est seule !

JOSÉPHINE. — Monsieur désire ? (*A part.*) Oh ! le monsieur !

TOURNEUR. — Ce que je désire ?

JOSÉPHINE. — Oui...

TOURNEUR. — (*A part.*) Charmante... charmante... (*Haut.*) Je désire une fleur, une simple fleur, pour ma redingote.

JOSÉPHINE. — Œillet... Muguet ?...

TOURNEUR. — Un œillet.

JOSÉPHINE. — Celui-ci ?

TOURNEUR. — Celui-ci, délicieuse petite Joséphine.

JOSÉPHINE, *stupéfaite*. — Vous savez mon nom !

TOURNEUR. — JE DÉSIRE UNE FLEUR, UNE
SIMPLE FLEUR, POUR MA REDINGOTE.

TOURNEUR. — J'adore ce nom-là, et vous aussi, je vous adore. Vous me plaisez follement. Il faut absolument que vous veniez dîner avec moi ce soir.

JOSÉPHINE. — Mais, monsieur...

TOURNEUR. — Excusez-moi si je me dépêche, mais nous n'avons probablement que quelques minutes... Est-elle délicieuse!... (*Joséphine sourit.*) Oui, c'est ça, riez... moquez-vous de moi... Au fond, vous sentez que je suis sincère... un peu brutal, mais très sincère... Vous ferez de moi tout ce que vous voudrez, vous savez... Mais parlons sérieusement, car je suis très sérieux...

JOSÉPHINE. — Oh!

TOURNEUR. — Voici votre nouvelle adresse : c'est là que vous habiterez à partir de demain, 52, rue de Courcelles. Un petit hôtel que je suis en train de faire installer pour vous. Il va être prêt. Nous irons choisir demain deux jolis chevaux et les voitures. Vous serez gentille comme un ange là-dedans! (*Joséphine, pendant ces phrases, a la figure abasourdie et n'a pas l'idée de faire un mouvement. Tourneur continue :*) Ah!... si vous avez une mère, vous pouvez l'emmener, ça ne me gêne pas... J'ai oublié de vous dire qui je suis : Edmond Tourneur, pas tout à fait un va-nu-pieds... Alors, c'est convenu, délicieuse petite Joséphine? Je vous attends ce soir, à huit heures, au coin de l'avenue de l'Opéra et de la rue des Pyramides... Je serai dans mon coupé... vous monterez... Et n'ayez pas peur! dites-vous que vous avez affaire à un bon garçon... Maintenant, si vous ne voulez pas que je m'en aille en larmes, vous allez accepter ce machin-là... (*Il donne à Joséphine un écrin avec sa carte.*) C'est gentil, ma parole!... A ce soir huit heures. (*Prenant une pièce de monnaie.*) Et voici les vingt sous pour la boutonnière.

JOSÉPHINE, *levant les yeux.* — Ça, par exemple!...

Entre Charlotte, puis, derrière elle, Louise et Clémence.

———

SCÈNE VIII

———

CHARLOTTE, JOSÉPHINE, LOUISE CLÉMENCE.

CHARLOTTE, *entrant.* — Mais oui, chaque fois que l'on peut garder des fleurs en panier, ça vaut beaucoup mieux. Maintenant, mes enfants, vous pouvez vous en aller... Je n'ai plus besoin de vous.

LOUISE, *qui s'est rapprochée de Joséphine, apercevant l'écrin que celle-ci tient encore à la main.* — Qu'est-ce que vous avez là, Joséphine?... Un écrin... (*Elle l'ouvre.*) Oh! mais c'est un bijou magnifique!... Voyez, madame.

CHARLOTTE. — En effet.

LOUISE. — C'est à vous, ça?

JOSÉPHINE *murmure.* — Oui.

LOUISE, *ironiquement.* — Mes compliments...

Elle lit la carte de Tourneur que Joséphine a laissée sur la table.

CLÉMENCE. — Edmond Tourneur!

LOUISE, *à Charlotte.* — Est-ce que ce n'est pas le monsieur qui est si riche et qui fait courir?

CHARLOTTE, *prenant la carte et lisant.* — C'est lui-même.

CLÉMENCE. — C'est donc votre conquête, Joséphine? (*Mouvement de tête de Joséphine.*) Eh bien! ma chère, vous voilà millionnaire?...

LOUISE, *raillant.* — Femme à la mode!

CLÉMENCE, *même jeu.* — On entendra parler de vous dans les journaux.

CHARLOTTE. — Voyons, mesdemoiselles, laissez Joséphine tranquille... et à lundi.

CLÉMENCE ET LOUISE *ont rapidement mis leurs chapeaux.* — A lundi donc, madame... Adieu, Joséphine!

CLÉMENCE. — Vous nous enverrez des bonbons au jour de l'an, j'espère.

Elles sortent.

———

SCÈNE IX

CHARLOTTE, JOSÉPHINE.

Joséphine, une fois seule avec Charlotte, s'assied brusquement sur une chaise et se met à sangloter.

CHARLOTTE. — Eh bien ! qu'est-ce que tu as, gamine ? Tu pleures.

JOSÉPHINE, *en larmes.* — Oh ! patronne...

CHARLOTTE. — C'est vrai ? C'est ce monsieur qui t'a envoyé... ?

JOSÉPHINE, *toujours entre deux sanglots.* — Oui... Il est venu tout à l'heure... Je ne lui avais jamais parlé, moi... Il m'a donné ça...

CHARLOTTE, *souriant.* — Tu l'as accepté ?

JOSÉPHINE, *même jeu.* — Non... Ah ! oui... Il m'a offert un hôtel, des chevaux, une voiture... tenez, là, à cette adresse.

CHARLOTTE. — Je vois bien... Ce n'est pas la peine de sangloter comme ça.

JOSÉPHINE, *se remettant peu à peu.* — Je ne sais pas quoi faire, moi...

CHARLOTTE. — Tu ne me demandes pas un conseil, j'espère ?

JOSÉPHINE. — Oh ! non... Vous êtes sage, vous, vous êtes raisonnable.

CHARLOTTE. — Je vois que tu ne te feras pas beaucoup prier.

JOSÉPHINE, *timidement.* — C'est bien difficile de refuser, dites ?

CHARLOTTE. — Il paraît que c'est très difficile. Te plaît-il au moins un peu, ce monsieur ?

JOSÉPHINE SE MET A SANGLOTER.

JOSÉPHINE. — Il a l'air d'un bon garçon.

CHARLOTTE. — Allons! je devine qu'on ne te voit pas ici lundi?

JOSÉPHINE. — Je ne... pense pas. Vous ne me gardez pas rancune?

CHARLOTTE. — Moi? Je ne te souhaite qu'une chose, c'est d'être parfaitement heureuse. Tu vas mener la vie que tu désirais. Tu voulais des bijoux et des toilettes, tu les as tout d'un coup, comme dans un rêve. Tâche de ne pas perdre la tête.

JOSÉPHINE, émue. — Dites, patronne?

CHARLOTTE. — Quoi?

JOSÉPHINE. — Voulez-vous me permettre de vous embrasser?

CHARLOTTE. — Avec plaisir, mon enfant.

Elle l'embrasse.

Entre Geneviève.

SCÈNE X

LES MÊMES, GENEVIEVE

GENEVIÈVE. — Bonsoir, toi... Bonsoir, Joséphine.

JOSÉPHINE. — Bonsoir, mademoiselle Geneviève. Au revoir, patronne.

CHARLOTTE. — Au revoir, petite.

Joséphine sort.

SCÈNE XI

CHARLOTTE, GENEVIEVE

CHARLOTTE, embrassant Geneviève. — Tu ne t'imagines pas comme je suis contente de te voir!

GENEVIÈVE. — Plus contente que les autres fois?

CHARLOTTE. — Beaucoup plus. Comment va ta mère?

GENEVIÈVE. — Un peu mieux. Elle t'attend ce soir pour dîner. Nous dînons ensemble, n'est-ce pas? comme tous les samedis.

CHARLOTTE, distraite. — C'est donc samedi, aujourd'hui?

GENEVIÈVE, riant. — Où as-tu la tête?

CHARLOTTE. — En effet... je te demande pardon... Oui, certainement, nous dînons ensemble... et plutôt deux fois qu'une.

GENEVIÈVE. — Tu veux dîner deux fois?

CHARLOTTE. — C'est une façon de parler.

GENEVIÈVE. — En attendant sept heures, si nous allions faire un tour de promenade dans le jardin des Tuileries? Il fait un temps superbe!

CHARLOTTE. — Pourquoi pas?... Oui, un tour de promenade... Mais avant, je vais ranger ces lettres... et puis, j'ai les comptes de la semaine à établir.

GENEVIÈVE. — Je ne suis pas pressée... A propos de comptes, et ces petits ennuis avec tes fournisseurs, dont tu me parlais l'autre jour?

CHARLOTTE. — Ces petits ennuis... ils sont devenus grands.

GENEVIÈVE. — Qu'est-ce que tu dis?

CHARLOTTE. — Je t'expliquerai ça plus tard... Il est possible que je sois amenée à liquider... Oh! ne t'effraie pas! Ce n'est pas un désastre. Je m'en tirerai, j'espère.

GENEVIÈVE. — Ma pauvre Charlotte!

CHARLOTTE. — Bah! on n'en meurt pas... Je recommencerai.

GENEVIÈVE. — Tu sais que j'ai de vagues économies.

CHARLOTTE. — Ah bien! me vois-tu touchant à tes économies!... Il faut les garder pour notre vieillesse... Chut! ne nous attristons pas... Et toi, où en sont tes démarches?

GENEVIÈVE. — Pour être nommée de première classe?... Elles vont tout doucement. Je suis au mieux avec l'inspectrice. Je l'ai menée jeudi à l'Opéra-Comique, avec les places que M. Bréard m'avait promises (Mouvement de Charlotte.) et qu'il m'a envoyées.

CHARLOTTE. — Oui, je me rappelle.

GENEVIÈVE. — On jouait Carmen. Il est très galant, ton voisin. Tu l'as revu?

CHARLOTTE. — Oui, tout à l'heure.

GENEVIÈVE. — Je le soupçonne d'être un peu amoureux de toi.

CHARLOTTE. — Je ne sais pas s'il est amoureux ; mais... devine ce qu'il a eu l'aplomb de me proposer, il y a un instant?

GENEVIÈVE. — Ce n'est pas difficile à deviner.

CHARLOTTE. — Oui... Mais devine le truc qu'il a employé?

GENEVIÈVE. — Ça, j'avoue...

CHARLOTTE. — Eh bien! il a un procès à plaider au Havre, lundi. Tu comprends? Alors, il m'a tout bonnement offert d'aller au Havre avec lui!

GENEVIÈVE. — Lundi?

CHARLOTTE. — Non, ma chère, ce soir.

GENEVIÈVE. — Oh!

CHARLOTTE. — A sept heures... Il y a un train à sept heures, il paraît. (*Regardant sa montre.*) Dans une heure... Comment la trouves-tu, celle-là?

GENEVIÈVE. — C'est vif! Qu'est-ce que tu lui as répondu? Tu as refusé?

CHARLOTTE. — Tu penses!...

GENEVIÈVE. — Et il a été bien attrapé?

CHARLOTTE. — Bien attrapé!... Tu ne le connais pas! Il est tranquillement sorti en me disant : « A ce soir, alors. »

GENEVIÈVE. — C'est de l'aplomb, en effet!

CHARLOTTE. — Je suis sûre qu'il m'attendra à la gare.

GENEVIÈVE. — Et tu n'y seras pas.

CHARLOTTE. — Non, je n'y serai pas! Voilà une question! Je n'y serai certainement pas.

GENEVIÈVE, *la regardant, après un silence.* — Est-ce que tu l'aimerais, par hasard?

CHARLOTTE. — Lui?

GENEVIÈVE. — Oui.

CHARLOTTE, *brusquement.* — Mais, naturellement, je l'aime!... Si je ne l'aimais pas, il y a longtemps que nous serions parties nous promener. Je l'aime à en être à moitié folle! Je pense à lui du matin au soir!... (*Changeant de ton.*) Qu'est-ce que tu dis de ça?

GENEVIÈVE. — Dame!...

CHARLOTTE. — C'est tout ce que ça t'inspire, cette situation?

GENEVIÈVE. — Que veux-tu que je te dise?

CHARLOTTE. — Je voudrais que tu m'arrêtes, que tu me raisonnes... que tu me fasses sentir que je fais une folie!... Est-ce qu'il est capable d'aimer vraiment une femme comme moi... qui ne suis pas de son monde, qui n'ai pas d'éducation! Est-il même capable d'aimer? Est-ce que je sais? Je ne le connais pas. Il me gardera huit jours... Moi, au contraire, je suis seule depuis des années ; je n'ai jamais aimé personne depuis Fernand, et encore, Fernand, je ne l'aimais pas, j'étais trop jeune. Je vais me mettre à aimer Julien avec tout mon cœur, avec passion... Il ne s'en apercevra seulement pas, et je serai malheureuse comme les pierres!... Voilà où je vais! Et tu es là à me regarder sans rien dire, comme une curiosité. Ah! je serais en train de me noyer, il ne faudrait pas compter sur toi!...

GENEVIÈVE, *lui prenant les mains.* — Ma chérie... je ne sais pas, moi, je ne sais pas...

CHARLOTTE. — Il y a des choses qu'on devine... Heureusement que j'ai de la raison pour nous deux!... Viens, partons... (*On frappe.*) Ah! bon! on frappe... C'est peut-être lui... Si c'est lui, tant pis! je n'irai pas ouvrir... (*On frappe encore.*) Vas-y, toi...

GENEVIÈVE. — Oui.

Elle sort par la droite et disparaît un instant.

CHARLOTTE. — Qui est-ce?...

GENEVIÈVE, *rentrant.* — C'est un commissionnaire, avec un paquet et une lettre.

CHARLOTTE, *ouvrant la lettre.* — C'est de lui... (*A Geneviève.*) Défais ce paquet, toi...

GENEVIÈVE. — Oui... oui...

Elle défait le paquet.

CHARLOTTE, *lisant à voix basse quelques mots de la lettre.* — « Je t'adore... Viens... viens, ce soir... Ma Charlotte chérie... »

Elle s'assied.

GENEVIÈVE, *qui a ouvert le paquet.* — C'est un sac de voyage. Oh! qu'il est joli!... (*Elle ouvre le sac qui est très élégant et contient un nécessaire.*) Qui te fait ce cadeau-là?

CHARLOTTE. — C'est lui... Il m'avait dit qu'il m'enverrait un sac de voyage pour aller au Havre.

GENEVIÈVE. — Et il te l'envoie. C'est un garçon de parole.

CHARLOTTE. — Ce que j'emporte... (*Elle prend le paquet de linge apporté au début de l'acte.*) J'ai envie d'emporter ça... (*Regardant l'heure, et brusquement.*) Oh! je vais manquer le train... Arrête-moi une voiture, vite, vite... Dépêche-toi...

GENEVIÈVE, *allant à la porte.* — Oui... oui...

CHARLOTTE. — En as tu une?

GENEVIÈVE, *devant la porte.* — Oui...

CHARLOTTE. — C'EST DE LUI...

CHARLOTTE, *elle relit la lettre. Un grand temps ; puis doucement se retournant vers Geneviève.* — Tu m'excuseras auprès de ta mère, n'est-ce pas?

GENEVIÈVE. — Oui, ma chérie. Je t'aime bien, va.

CHARLOTTE. — Enfin!... Je voyagerai avec cette robe... et ma pèlerine... (*Elle prend la pèlerine.*) et ce chapeau-là... (*Elle prend un chapeau sur la cheminée.*)

GENEVIÈVE. — Qu'est-ce que tu emportes?

j'ai fait signe à un cocher... Il s'arrête.

CHARLOTTE. — Bon! (*Elle s'est arrangée et prend son sac à la main.*) Je te laisse le magasin, tu le fermeras. (*Au garçon de magasin qui entre.*) Emportez la guirlande de Mme Baudrin tout de suite et cette gerbe, la carte est sur le bureau. (*A Geneviève.*) Dépêchons-nous... Je n'ai que le temps... Au revoir, ma chérie! Au revoir!... Viens jeter un coup d'œil lundi... Je reviendrai lundi soir, ou mardi... plutôt mardi!...   Elle sort vivement.

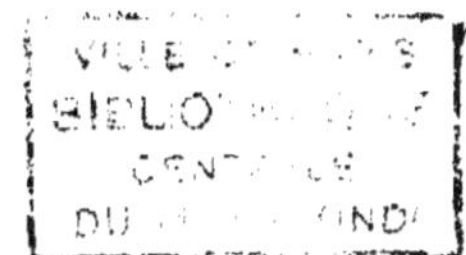

La métairie de Julien.

ACTE DEUXIÈME

*Cabinet de travail de Bréard : bureau, bibliothèque, ca
napé ; le tout convenable, mais sans luxe.*

SCÉNE PREMIÈRE

CHANTEREAU, LA BONNE, puis BREARD

CHANTEREAU, *entrant, introduit par la
bonne.* — C'est un peu fort ! Voilà dix fois
que je viens sans rencontrer M. Bréard...
Il se moque de moi !

LA BONNE. — Vous n'avez pas de
chance, monsieur Chantereau.

CHANTEREAU. — Mais, cette fois-ci, j'attendrai, j'attendrai jusqu'à ce qu'il vienne.

LA BONNE. — C'est du temps perdu.

CHANTEREAU. — Comment ai-je pu prêter de l'argent à un être pareil !

LA BONNE. — Ce doit être dans un moment de distraction.

CHANTEREAU. — Vous êtes sûre qu'il
n'est pas chez lui ?

LA BONNE. — Oh ! sûre...

CHANTEREAU. — Avez-vous bien cherché ?

LA BONNE. — J'ai cherché partout...
Monsieur est sorti... Faut-il vous le jurer !

Entre Bréard par la droite.

CHANTEREAU. — Ah ! Ah !

LA BONNE, *à Bréard.* — Monsieur a bien
fait d'entrer : j'allais jurer. Mais c'est de
la faute de M. Chantereau, qui est d'un
entêtement !

BRÉARD. — C'est bon, Justine, laissez-
nous.

Sort la bonne.

SCÉNE II

BREARD, CHANTEREAU

CHANTEREAU. — On vous trouve !

BRÉARD, *s'avançant vers Chantereau.*

— Chantereau, mon ami, nous allons nous fâcher, vous savez?...

CHANTEREAU. — Ça m'est égal! Mais

CHANTEREAU, *sortant, furieux.* — Oh! vous ne m'effrayez pas!...

BRÉARD, *désignant la porte du palier.*

CHANTEREAU. — PAYEZ-MOI, OU, DANS HUIT JOURS, VOUS AUREZ AFFAIRE A MON HUISSIER.

vous ne vous moquerez pas de moi plus longtemps. Payez-moi, ou, dans huit jours, vous aurez affaire à mon huissier.

BRÉARD. — J'aurai affaire à votre huissier?

CHANTEREAU. — Parfaitement!

BRÉARD. — Eh bien! du moment que j'aurai affaire à votre huissier, c'est à votre huissier que je parlerai. Sortez!

CHANTEREAU. — On vendra tout!

BRÉARD, *ouvrant la porte.* — Allons, Chantereau... quand vous voudrez...

CHANTEREAU. — Ce sera un scandale!

BRÉARD, *tranquillement.* — Un scandale affreux. Ça ne se sera jamais vu!

CHANTEREAU. — Ah! si vous croyez que...

BRÉARD. — Pas de phrases inutiles... Allez chez votre huissier et dépêchez-vous!

Il le pousse légèrement dehors.

— Tenez... la porte là... et faites attention : il y a une marche...

On entend un bruit de porte qui claque.

SCÈNE III

BREARD seul, puis CHARLOTTE

Bréard s'assied, allume une cigarette et réfléchit une seconde. — Entre Charlotte, en costume d'intérieur simple et élégant.

CHARLOTTE. — Il t'arrive quelque ennui, n'est-ce pas?

JULIEN. — Rien de mortel, ni même de grave. Une altercation avec cet imbécile de Chantereau, comme nous en avons tous les quinze jours, à la suite de quoi il me menace généralement de son huissier...

CHARLOTTE. — Il t'a menacé... toi?

JULIEN. — Parfaitement. Je l'ai mis à la porte. Demain il viendra me faire des excuses. Car, au fond, c'est un homme qui est enchanté d'être mon créancier.

CHARLOTTE, *riant.* — Tu le gâtes!...

JULIEN, *lui prenant la taille.* — On ira au théâtre ce soir, veux-tu?

CHARLOTTE. — Oui... Tu as vraiment un caractère heureux, mon chéri. Tu conserves ta bonne humeur au milieu d'un tas de tracas... Je suis sûre que tu réussiras bientôt... je ne sais pas par quel hasard, par quelle combinaison ; mais il n'est pas possible qu'avec ton talent...

JULIEN. — Oh! oh!...

CHARLOTTE. — Et, d'ailleurs, tu n'aurais pas de talent, tu réussirais tout de même, par ta tranquillité, ta confiance dans la vie, ton sang-froid. Regarde tes camarades, les gens que tu connais, comme ils sont inquiets et nerveux! comme ils ont peur de tout! comme ils perdent la tête devant le moindre obstacle! Tu es bien mieux organisé qu'eux ; tu les dépasseras!...

JULIEN. — Je n'ai pas grande inquiétude pour l'avenir... Quand on observe bien, on remarque que chacun a dans sa vie un phénomène, toujours le même, qui se reproduit continuellement...

CHARLOTTE, *très intéressée.* — Oui... Va... Je t'écoute.

JULIEN. — Dans la mienne, il y en a un que j'ai constaté plus de dix fois... J'arrive à deux doigts d'une catastrophe, et, au dernier moment, je l'évite par un vrai miracle, une histoire imprévue sur laquelle j'étais à cent lieues de compter.

CHARLOTTE. — Et ce sera encore comme ça, cette fois-ci.

JULIEN. — Sans aucun doute. D'autant plus que j'ai l'intention d'aider un peu mon miracle habituel.

CHARLOTTE. — Ah!

JULIEN. — Oui... Je vais me décider à payer mes dettes par un sacrifice devant lequel je recule depuis des années... Mais j'ai besoin de toute ma liberté d'esprit ; j'ai à travailler beaucoup.

CHARLOTTE. — Un sacrifice?

JULIEN. — Il me reste, — combien péniblement conservée! — une espèce de petite terre, en province...

CHARLOTTE. — A Nevers?

JULIEN. — Aux environs de Nevers. Elle représente à peu près ce que je dois... Les fermiers sont là de père en fils ; ce sont de fort braves gens, mais ils me paient très irrégulièrement, pour ne pas dire jamais.

CHARLOTTE. — C'est peut-être même eux qui t'ont donné cette habitude...

JULIEN. — Je commence à le croire... Il n'y a donc aucun inconvénient à me débarrasser de cette propriété qui ne rapporte rien, et je vais la vendre.

CHARLOTTE. — Comment est-elle? Est-elle jolie?

JULIEN. — C'est une métairie.

CHARLOTTE. — Avec des vaches, des moutons?

JULIEN. — Je le suppose...

CHARLOTTE. — Est-elle près d'une rivière!

JULIEN. — Tout près... Une rivière délicieuse, entre des peupliers. L'eau est très claire ; elle forme même, avec l'aide d'un rocher, une petite cascade dont le bruit est très suffisant pour vous empêcher de dormir.

CHARLOTTE. — Ça ne fait rien, ce doit être charmant!

JULIEN. — De mon temps, il y avait beaucoup de poissons ; j'allais y pêcher à la ligne et m'y baigner, quand j'étais gosse... J'ajoute, pour être juste, que la maison tombe en ruines.

CHARLOTTE. — N'importe! quel dommage de la vendre!... Tu ne devrais pas la vendre.

JULIEN. — Hélas!

CHARLOTTE. — Attends encore! C'est tout ce qui te reste de ce que ta famille t'a laissé?

JULIEN. — Oh! oui!

CHARLOTTE. — Raison de plus pour attendre jusqu'à la dernière extrémité. Est-ce qu'on sait ce qui arrive? Plus tard, si tu es assez riche pour faire reconstruire ta maison, tu seras peut-être bien content d'aller te retirer au bord de ta rivière,

après la vie enragée que tu auras menée
à Paris. C'est un bonheur, je trouve, d'être
né dans un petit endroit tranquille, dont
on connaît tous les arbres, toutes les pierres... Rien que d'y penser, il me semble que
ce doit être un repos et une joie. Et ça
vaut mieux que d'être né, comme moi, au
fond de l'avenue de Clichy, où les maisons
se ressemblent toutes et où le ruisseau sert
à tout le monde.

JULIEN. — Hé!... j'ai hésité longtemps;
mais, quand il le faut, il le faut.

CHARLOTTE. — En quoi ta situation
est-elle plus grave qu'autrefois?... A cause
de moi!

JULIEN. — Veux-tu bien ne pas dire
ça!

CHARLOTTE. — Au contraire, je veux
t'en parler. Car je devine ce que tu penses quelquefois. Tu te dis que tu as eu la
chance jusqu'à présent, quoique tu aies
eu beaucoup de maîtresses, d'éviter l'affreux collage. Tu comptais bien que tu ne
courais plus aucun risque, et voilà qu'un
jour il tombe chez toi une femme qui s'ins-
talle peu à peu et qui, maintenant, a tout
l'air de ne plus vouloir s'en aller. Et tu
te demandes comment tu t'y prendras pour
t'en débarrasser plus tard.

JULIEN. — Je t'assure, ma chérie, que
je ne fais pas des réflexions aussi noires!

CHARLOTTE. — Si, tu les fais ; tu ne
peux pas ne pas les faire. Eh bien! je veux
te rassurer : le jour où il faudra que je
disparaisse, soit que tu te maries, soit que
tu aimes une autre femme, ou, tout simplement, que tu préfères vivre de nouveau
tout seul, ce jour-là tu n'auras pas besoin
de te creuser la cervelle pour me le faire
comprendre, je le devinerai tout de suite,
et le lendemain tu ne me trouveras plus
chez toi. Je m'arrangerai même de façon
que tu n'aies pas de remords... Dame!
je ne sortirai pas en te disant « zut », d'a-
bord, ça ne te ferait pas plaisir ; mais
je m'en irai d'une façon très intelligente,
je te le promets.

JULIEN. — Tu ne tiens pas à ce que
ce soit aujourd'hui?

CHARLOTTE. — Tu peux le dire, que je
n'y tiens pas! Mais, va, je n'ai pas d'il-

lusions... Et jamais, quoi que tu fasses,
je ne me croirai le droit de t'adresser des
reproches, car je n'ai pas même le mérite
de t'avoir un peu résisté! Je t'aimais ; tu
m'as prise dès que tu en as manifesté le
désir, ça n'a pas été long, et, quand je me
suis aperçue que je me conduisais sans la
moindre dignité, j'étais dans tes bras ; il
était trop tard !

JULIEN. — Absolument. Et, quelques
jours après ce drame...

CHARLOTTE. — Je fermais la grande
maison de fleurs Charlotte Lanier, parce
qu'elle ne faisait plus ses affaires, nous
déménagions tous les deux, et il y a déjà
six mois que cela dure. (*Embrassant Julien avec passion.*) Ecoute, mon Julien
chéri, je ne sais pas si nous devons rester
ensemble quelques heures seulement, ou
quelques années ; mais, ce que je sais bien,
c'est que personne ne m'enlèvera ces six
mois que j'ai passés à tes côtés. Que je
sois obligée de retravailler demain et de
me débattre encore dans la vie comme une
malheureuse, ça m'est égal maintenant,
j'ai eu de belles vacances !

JULIEN. — Vivent les vacances !

CHARLOTTE. — C'est très sérieux, ce que
je te dis.

JULIEN. — Je crois bien !

CHARLOTTE. — Avoue que j'ai un peu
deviné ce que tu penses ?

JULIEN. — Non, ma parole! J'ai horreur de prévoir. Je trouve qu'aujourd'hui,
à Paris, dans les conditions où les gens
comme nous sont obligés de vivre, le hasard est tellement notre maître, notre maître absolu, tellement plus fort que nous,
que c'est une folie de le contrarier. Tout
projet que l'on fait est comme un défi
qu'on lui adresse, et, alors, gare à nous!
Laissons-nous donc conduire par lui, ma
petite Charlotte. Notre liaison est née un
beau soir à l'aventure, c'est une raison de
plus qu'elle a de durer.

CHARLOTTE. — Si elle devait durer autant que mon amour pour toi, je m'en
moquerais bien, de ton hasard !

JULIEN. — Avec tout ça, il est l'heure
d'aller gagner ma vie.

CHARLOTTE. — Tu vas au Palais?

JULIEN. — ON IRA AU THÉATRE
CE SOIR, VEUX-TU?

JULIEN. — Un instant : j'y ai un rendez-vous avec un monsieur, pour affaires. Et toi, tu sors ?

CHARLOTTE. — Oh ! non. C'est le jour de Geneviève, c'est même son heure.

JULIEN. — Diable ! j'oubliais... Ça va bien, ces leçons.

CHARLOTTE. — Pas mal : tu verras.

JULIEN. — Ne t'applique pas trop : tu serais vite plus savante que moi.

CHARLOTTE. — C'est méchant, ça !

JULIEN. — C'est l'affreuse vérité. (*Entre Geneviève.*) Bonjour, Geneviève ! Je vous laisse; je vous retrouverai peut-être. A bientôt.

Il sort.

SCÈNE IV

CHARLOTTE, GENEVIÈVE

GENEVIÈVE. — Sommes-nous disposées à bien travailler aujourd'hui, élève Charlotte ?

CHARLOTTE. — Comme toujours : j'ai mon après midi libre.

GENEVIÈVE. — Alors, asseyons-nous.

CHARLOTTE. — Dis-moi d'abord une chose ?

GENEVIÈVE. — Laquelle ?

CHARLOTTE. — Tu me promets d'être sincère ?

GENEVIÈVE. — Mais oui.

CHARLOTTE. — Est-ce que je fais des progrès ?

GENEVIÈVE. — Beaucoup. Des progrès énormes : mais tu dois t'en apercevoir toi-même ?

CHARLOTTE. — Oui... un peu. Mais je me demande si ces progrès seront jamais suffisants pour que je paraisse un peu moins sotte qu'autrefois.

GENEVIÈVE. — Tu n'étais pas sotte, et tu le savais bien. Tu es même très intelligente, très fine. Tu juges bien les gens.

CHARLOTTE. — Merci.

GENEVIÈVE. — Mais, par exemple, tu étais d'une ignorance !...

CHARLOTTE. — Crasse.

GENEVIÈVE. — C'est le mot.

CHARLOTTE. — Oh ! je me rends bien compte que je ne deviendrai jamais très savante... D'ailleurs, je m'y prendrais un peu tard, à mon âge !

GENEVIÈVE. — Nous avons le même. Ne dirait-on pas que nous sommes de vieilles personnes ?

CHARLOTTE. — Non... Mais ça n'empêche pas que nous aurons vingt-neuf ans... l'année dernière.

GENEVIÈVE. — Nous n'avons que le temps.

CHARLOTTE. — Ne le perdons pas... J'allais donc te dire que ce à quoi je tiens surtout, c'est que tu m'apprennes le strict nécessaire, de quoi juste n'avoir pas trop l'air d'une dinde, si l'occasion s'en présente. Pour le reste, avec de l'adresse, de l'attention, et en trichant un peu, je crois qu'une femme peut toujours s'en tirer... Tiens ! l'autre jour... Oh ! j'ai bien failli être pincée !... J'étais avec Julien et un de ses amis : ils causaient littérature, voyages. Voilà que l'ami se tourne vers moi et me demande : « Vous connaissez *La Chartreuse de Parme*, n'est-ce pas, madame ? » J'étais distraite; je pensais à autre chose. Figure-toi que j'ai été sur le point de lui répondre : « Non, monsieur, je n'y suis jamais allée. »

GENEVIÈVE. — C'était la gaffe !

CHARLOTTE. — Heureusement, je me suis mordu les lèvres, parce que le soupçon m'est venu tout d'un coup que c'était peut-être le titre d'un livre.

GENEVIÈVE. — En effet... Je l'ai lu.

CHARLOTTE. — Moi, je l'ai deviné : c'est bien plus malin.

GENEVIÈVE. — Et qu'est-ce que tu as répondu ?

CHARLOTTE. — J'ai répondu en souriant : « Je vous avoue à ma honte, monsieur, que je ne me la rappelle plus. » Ce n'était pas fort comme réponse, mais ça pouvait s'appliquer aussi bien à un livre qu'à un monument, et j'étais sauvée. Julien était enchanté, et, quand nous avons été seuls, il m'a embrassée pour la peine.

GENEVIÈVE. — Ce qui est l'essentiel.

3

GENEVIÈVE. — Tu as oublié l'e muet.

CHARLOTTE. — Comme tu dis. N'empêche que je l'avais échappé belle. Et dans les premiers temps, j'étais menacée à chaque instant d'histoires encore plus bêtes, à cause de l'orthographe, quand il me fallait écrire le moindre mot.

GENEVIÈVE. — Le fait est que tu étais terrible... Et maintenant encore, si tu ne t'appliques pas...

CHARLOTTE — Oui, mais quelle différence! Je sais bien que tout ça est égal à Julien et que même ça l'amuse. Mais, à la longue, ça finirait peut-être par le choquer... Je dis à la longue, hélas! comme si nous devions rester ensemble toute la vie!

GENEVIÈVE. — Pourquoi pas?

CHARLOTTE. — Oh! oh! tu es bonne, toi!... Mais n'appelons pas le malheur; il sera toujours temps de souffrir, quand il nous tombera sur la tête.

GENEVIÈVE. — Et en attendant ce malheur, qui ne me paraît pas prochain... mettons-nous au travail.

CHARLOTTE. — Piochons l'ortographe.

GENEVIÈVE. — As-tu rédigé ce que je t'avais dit? Le récit de ta journée d'hier, des courses que tu as faites?... C'est un excellent exercice.

CHARLOTTE, *prenant un papier dans son corsage.* — Voilà le pensum... J'ai écrit comme si je te racontais.

GENEVIÈVE. — Voyons... (*Elle lit.*)
Mais c'est bien ! ton écriture devient plus
courante... Tu ne fais presque plus de
fautes... Pourtant ici : « une main de papier que j'ai acheté pour Julien »...
acheté... t... é... e... Tu as oublié l'e
muet. Le complément est avant : qu'est-
ce que tu as acheté ?

CHARLOTTE. — Une main. Ça s'ac-
corde.

GENEVIÈVE. — Le reste m'a l'air irré-
prochable... (*Lisant.*) « Julien est rentré
à la maison à sept heures moins un quart :
nous nous sommes mis à table à sept heures et demie... Nous avons mangé. »
(*Parlé.*) Bon ! bon ! pas de fautes...
(*Lisant.*) «... et à dix heures nous nous
sommes couché... » (*Parlé.*) Ah ! une
faute !

CHARLOTTE. — Où ça ?

GENEVIÈVE. — A « couché »... tu écris
sans s... il faut le pluriel. Vous étiez plusieurs.

CHARLOTTE. — Nous étions deux.

GENEVIÈVE. — Mais, malgré ces petites
erreurs, l'ensemble est excellent.

CHARLOTTE. — On ne récapitule pas un
peu les préfectures ?

GENEVIÈVE. — Je veux bien.

CHARLOTTE. — Je les sais à fond.

GENEVIÈVE. — Même les petites ?

CHARLOTTE. — Toutes !

GENEVIÈVE. — Le Gers ?

CHARLOTTE. — Chef-lieu Auch.

GENEVIÈVE. — La Lozère ?

CHARLOTTE. — Mende.

GENEVIÈVE. — Le Morbihan ?

CHARLOTTE. — Chef-lieu Vannes.

GENEVIÈVE. — La Nièvre ?

CHARLOTTE. — Nevers. Julien a une
propriété aux environs.

GENEVIÈVE, *riant*. — Tu en sais plus
long que moi !

CHARLOTTE. — Es-tu satisfaite de ton
élève ?

GENEVIÈVE. — Très satisfaite.

CHARLOTTE. — Hein ?... me vois-tu de-
venant une femme du monde ?

GENEVIÈVE. — Je t'assure que tu n'as
pas grand'chose à faire. C'est vrai... Je
te regarde.. Tu as beaucoup de goût... tu

n'as aucune vulgarité : tu te donnes
la peine de réfléchir, d'observer... Tu
t'habilles parfaitement... Et depuis six
mois, tu ne peux pas t'imaginer comme
tu as pris de la distinction ! Il y a des
moments où je t'admire... Je te vois par-

GENEVIÈVE. — TRÈS SATISFAITE

faitement un jour faisant les honneurs
d'un salon.

CHARLOTTE. — Elle serait drôle, dis ?

GENEVIÈVE. — On a vu des choses plus
extraordinaires !

Entre la bonne.

SCÈNE V

LES MÊMES, LA BONNE

LA BONNE. — Une dame demande madame.

CHARLOTTE. — Qui est cette dame ? Lui
avez-vous demandé son nom ?

LA BONNE. — Elle n'a pas voulu me le dire. Elle vient de la part de Mlle Joséphine, fleuriste.

CHARLOTTE. — De la part de Joséphine! Par exemple!... Faites entrer.

LA BONNE. — Bien, madame.

Elle sort.

CHARLOTTE, *à Geneviève.* — Reste donc. Tu te rappelles la petite Joséphine du magasin?

GENEVIÈVE. — Je crois bien!

La porte s'ouvre. Entre Joséphine, extrêmement élégante, avec de l'excentricité.

SCÈNE VI

CHARLOTTE, JOSÉPHINE, GENEVIÈVE.

CHARLOTTE, *s'avançant.* — Mais c'est Joséphine elle-même!

JOSÉPHINE. — En personne. Bonjour, patronne. Comment ça va, depuis le temps?... Tiens! mademoiselle Geneviève!

GENEVIÈVE. — Bonjour, mademoiselle.

CHARLOTTE. — Mais ça va très bien, Joséphine, je vous remercie. Et vous-même?

JOSÉPHINE. — Vous-même!... Mais il faut me tutoyer comme autrefois... Si! si!... Et vous, ça ne vous ennuie pas que je continue à vous appeler patronne?

CHARLOTTE. — Au contraire. Assieds-toi donc... Tu as une jolie robe!

JOSÉPHINE. — N'est-ce pas! Oh! je suis très heureuse! Et vous aussi, j'espère?

CHARLOTTE. — Très heureuse.

JOSÉPHINE. — Et vous, mademoiselle Geneviève?

GENEVIÈVE. — Moi aussi.

JOSÉPHINE. — Alors, tout va bien!... Au fait, patronne, je ne vous dis pas comment j'ai su votre adresse et ce qui vous était arrivé...

CHARLOTTE. — Et comment?

JOSÉPHINE. — C'est Clémence et Louise, que j'ai rencontrées un jour... Nous sommes allées toutes les trois goûter chez un pâtissier... et elles m'ont donné de vos nouvelles. C'est comme ça que j'ai su toute l'histoire.

CHARLOTTE. — Quelle histoire, mon Dieu?

JOSÉPHINE. — Dame!... que vous vous étiez retirée des affaires... et puis...

CHARLOTTE. — Et puis quoi?

JOSÉPHINE. — Et puis... M. Bréard... Elles se sont peut-être trompées?

CHARLOTTE. — Mais non, Joséphine, ces demoiselles ne se sont pas trompées. Elles étaient bien renseignées.

JOSÉPHINE. — Ah! tant mieux! Il est gentil, M. Bréard. Vous faites bon ménage, je suis sûre.

CHARLOTTE. — Excellent.

JOSÉPHINE. — Dites donc, au fait, il n'y a pas d'erreur, il est bien avocat, M. Bréard?

CHARLOTTE. — Mais certainement, il est avocat.

JOSÉPHINE. — C'est ce qui me semblait.

CHARLOTTE, *riant.* — Aurais-tu un procès, par hasard?

JOSÉPHINE. — Pas moi : Edmond.

CHARLOTTE. — Qui est Edmond.

JOSÉPHINE. — Tourneur... vous savez?

CHARLOTTE, *vivement.* — M. Tourneur?

JOSÉPHINE. — Oui ; il a un procès... Des journalistes qui ont insulté sa famille... je ne me rappelle pas exactement... Il voudrait prendre un grand avocat, le plus grand... je ne sais pas qui c'est. Je lui ai dit : « Mon petit, j'ai ton affaire ; tu vas prendre un avocat que je connais et qui venait au magasin... (*A Charlotte.*) C'est pour ça que je vous demandais tout à l'heure s'il n'y avait pas d'erreur.

CHARLOTTE. — Oui... oui... continue... Qu'a répondu M. Tourneur?

JOSÉPHINE. — D'abord, il n'a pas voulu. Il ne connaissait pas M. Bréard.

CHARLOTTE. — Il le connaissait au moins de nom, je suppose?

JOSÉPHINE, *pour ne pas froisser Charlotte.* — Oh ça! certainement... il le connaissait beaucoup de nom... Mais il avait une autre idée... Enfin, j'ai insisté... j'ai

même exigé... parce que je pensais : « Ça
fera plaisir à la patronne. »

CHARLOTTE, *prenant la main de Joséphine.* — Que tu es gentille, ma petite
Joséphine ! ... Certes oui, ça me fait plaisir ! (*A Geneviève.*) N'est-ce pas, Geneviève, que c'est tout plein gentil, ce
qu'elle a fait là ?

CHARLOTTE, *à Joséphine.* — Je te remercie encore, tu sais...

JOSÉPHINE. — Vous êtes contente,
alors ?... Eh bien ! c'est comme moi !...
D'abord, ça me procure le plaisir de vous
revoir... et j'espère que ça ne sera pas la
dernière fois.

CHARLOTTE. — Certes non !... Pourvu

CHARLOTTE. — MAIS C'EST JOSÉPHINE ELLE-MÊME ?

GENEVIÈVE. — Certainement. Ça
prouve un très bon cœur.

JOSÉPHINE. — Alors, Tourneur va venir dans un instant.

CHARLOTTE. — Aujourd'hui ?

JOSÉPHINE. — Nous avons pris rendez-
vous ici. Il est allé chez son avoué... Oh !
ça ne traînera pas ! Il est furieux !

CHARLOTTE, *à Geneviève.* — Quelle
chance pour Julien ! Tu ne trouves
pas ?

GENEVIÈVE. — C'est une grosse chance.
Un procès contre des journalistes, ça fait
toujours beaucoup de bruit. On en parle
dans les journaux, naturellement...

que Julien rentre assez tôt pour voir
M. Tourneur ! Il est allé au Palais.

JOSÉPHINE. — On fera attendre Edmond.

CHARLOTTE. — Tu crois ?

JOSÉPHINE. — Nous attendrons avec
lui. Vous ferez sa connaissance.

CHARLOTTE. — Quel homme est-ce ?

JOSÉPHINE. — Tout ce qu'il y a de plus
chic !

CHARLOTTE. — Mais comme caractère ?

JOSÉPHINE. — C'est un bon garçon,
tout rond : il tutoie tout le monde, et avec
ses millions il ne demande qu'à s'amuser.
Seulement, il n'aime pas qu'on l'embête,

et il est très roublard sous son air bon enfant... Moi, j'en fais tout ce que je veux.

CHARLOTTE. — Et tu te plais avec lui !... Tu aimes cette vie-là ?

JOSÉPHINE. — C'était mon rêve. D'ailleurs Edmond se conduit admirablement avec moi.

CHARLOTTE. — Et toi, de ton côté, j'espère ?...

JOSÉPHINE. — Il n'a pas ça à me reprocher... Et puis on ne se quitte presque pas ; il est plus souvent chez moi que chez lui.

CHARLOTTE. — Allons ! te voilà tout à

CHARLOTTE. — QUE TU ES GENTILLE, MA PETITE JOSÉPHINE !...

fait lancée. Quel genre de monde fréquentes-tu ?

JOSÉPHINE. — Des gens très bien... Connaissez-vous Sigismond ?

CHARLOTTE. — Non.

JOSÉPHINE. — Ni Poussier ?... Ni Lebrancard ?...

CHARLOTTE. — Comment veux-tu ?...

JOSÉPHINE. — Ce sont des amis d'Edmond. Ils ont été charmants pour moi.

CHARLOTTE. — Et comme femmes ?

JOSÉPHINE. — Des masses... Germaine, Toto, Isabelle, la mère Plesnois... Et puis, j'oubliais, la belle Simone, leur passion à tous ! Mais vous ne connaissez qu'elle !

CHARLOTTE. — Je connais Simone, moi ?

JOSÉPHINE. — C'est Mme Baudrin, notre ancienne cliente.

CHARLOTTE. — Ah bah ! Je crois bien que je me la rappelle ! Comment ! elle va ?...

JOSÉPHINE. — Oui. Vous pensez que j'ai été aussi étonnée que vous en la voyant à tu et à toi avec Toto. Quand je lui vendais des fleurs, je croyais que c'était une grande dame. Et il faut entendre ces messieurs ! Lorsqu'ils ont dit Simone Baudrin, ils ont tout dit. Dans les premiers temps, Tourneur lui-même, qui n'est pourtant pas bête, me répétait du matin au soir : « Consulte Simone... Adresse-toi à Simone... Habille toi comme Simone... » Ça devenait une scie ! J'ai fini par lui faire comprendre qu'en matière de toilette je n'avais besoin des conseils de personne.

GENEVIÈVE. — Dites-moi, mademoiselle Joséphine, quand vous avez passé brusquement de la situation où vous étiez à celle où vous êtes maintenant, vous n'avez pas été un peu... ahurie ?

JOSÉPHINE. — Un petit peu, dans les commencements. Mais je m'y suis habituée tout de suite.

GENEVIÈVE, riant. — Hein ! Je crois que vous ne redeviendriez pas facilement une petite ouvrière ?

JOSÉPHINE. — C'est ce qui vous trompe. S'il me fallait retravailler demain, je ne serais pas plus embarrassée qu'avant, et je ne verserais pas toutes les larmes de mon corps, allez !

CHARLOTTE. — Et tu aurais bien raison ! Les femmes sont faites pour supporter toutes les aventures, aussi bien les bonnes que les mauvaises, et nous sommes moins effarées que les hommes devant l'imprévu.

Entre la bonne

SCÈNE VII

LES MÊMES, LA BONNE

LA BONNE, tendant une carte à Charlotte. — Pour monsieur.

CHARLOTTE, *lisant, à Joséphine.* — C'est Tourneur.

GENEVIÈVE. — Je me sauve, je vous gênerais... Je peux passer par ta chambre ?

CHARLOTTE. — A après-demain, n'est-ce pas ? sans faute ?

GENEVIÈVE. — A après-demain. Au revoir, mademoiselle Joséphine.

JOSÉPHINE. — Au revoir, mademoiselle.

Sort Geneviève par la droite.

CHARLOTTE, *à la bonne.* — Faites entrer.

La bonne sort.

JOSÉPHINE, *à Charlotte.* — Qu'est-ce que je vous disais ?

Entre Tourneur par la gauche.

SCÈNE VIII

TOURNEUR, CHARLOTTE. JOSÉPHINE

JOSÉPHINE. — Viens donc... Je te présente Mme Charlotte Lanier, dont je t'ai parlé si souvent.

TOURNEUR. — Madame, je vous prie de m'excuser, si j'entre chez vous d'une façon qui...

JOSÉPHINE. — Ne fais donc pas de phrases. On est entre bons garçons.

CHARLOTTE. — M. Bréard est absent, monsieur, mais je pense qu'il va rentrer bientôt.

TOURNEUR, *galamment.* — Je ne suis pas pressé... pourvu que je le voie aujourd'hui.

CHARLOTTE. — Vous le verrez certainement.

Elle lui montre un siège.

JOSÉPHINE. — Oui... assieds-toi.

TOURNEUR, *sévèrement.* — Joséphine, vous n'avez aucune éducation ! (*A Charlotte.*) Je vous demande pardon.

JOSÉPHINE. — Elle me connaît depuis plus longtemps que toi. Elle a été ma patronne.

TOURNEUR, *à Charlotte.* — Croyez-vous, madame, que j'arriverai jamais à rendre cette gamine-là plus convenable ?

CHARLOTTE. — Y tenez-vous beaucoup ?

JOSÉPHINE. — Ah ! ah !... il serait le premier embêté !

CHARLOTTE. — C'est probable.

JOSÉPHINE. — Toutes les fois qu'il a été avec une femme convenable, il ne l'a pas gardée plus de huit jours... Il fait des manières devant vous ; mais vous verrez quand vous le connaîtrez davantage !

TOURNEUR. — Ce qui ne tardera pas, j'espère... Irez-vous cet été à Trouville ?

CHARLOTTE. — Je ne pense pas.

JOSÉPHINE. — Il faudra venir. Edmond a une villa magnifique. Nous ferons la fête... A-t-il dû s'en faire des fêtes, là dedans, bon Dieu !

TOURNEUR. — Ça, je suis obligé de l'avouer.

JOSÉPHINE. — Raconte donc celle d'il y a deux ans.

CHARLOTTE. — Les lions ?

TOURNEUR. — Vous avez entendu parler de la fête des lions ?

CHARLOTTE. — Mais je crois bien ! Ça devait être passionnant ! Vous aviez acheté quatre lions...

TOURNEUR. — Six.

CHARLOTTE. — Ah ! oui, six... Je me rappelle.

TOURNEUR. — J'avais séparé le grand jardin de la villa en deux parties, et entre les deux j'avais établi une grille de fer, très solide. D'un côté j'avais mis les invités et, de l'autre, les lions dans leur cage. A un moment donné, on a ouvert la cage, le dompteur s'est retiré rapidement, et les lions, se croyant libres, sont sortis en poussant des hurlements épouvantables.

CHARLOTTE. — C'était une idée très originale.

TOURNEUR. — Je m'en flatte. Il y a même eu un épisode délicieux, que je n'es-

TOURNEUR, à *Joséphine*. — Charmante femme !

JOSÉPHINE. — N'est-ce pas ?

Entre Julien.

JOSÉPHINE. — OUI, ASSIEDS-TOI.

pérais pas. Le mur de la villa n'était pas très haut, ce qui fait qu'un des lions, le franchissant d'un bon prodigieux, s'est trouvé tout d'un coup sur le bord de la mer, à quelques pas des baigneurs.

CHARLOTTE. — Oh !... il n'a mordu personne ?

TOURNEUR. — Non ; mais il ne voulait plus s'en aller. On a été obligé de lui donner du sucre pour le faire rentrer dans sa cage.

CHARLOTTE. — J'aurais voulu être là !... Ah ! j'entends la porte s'ouvrir ; c'est M. Bréard.

Elle s'avance vers la porte.

SCÈNE IX

LES MÊMES, JULIEN

CHARLOTTE. — Mon ami, voici M. Tourneur, qui désire te parler pour un procès.

JULIEN. — Monsieur Edmond Tourneur ?... Trop heureux, monsieur...

TOURNEUR, *lui tendant la main*. — Enchanté de faire votre connaissance.

JOSÉPHINE. — Bonjour, monsieur Bréard.

JULIEN. — Tiens ! mademoiselle Joséphine !... Vous allez bien depuis l'année dernière ?

JOSÉPHINE. — Comme vous voyez.

CHARLOTTE — Nous vous laissons, messieurs.

JOSÉPHINE. — Venez, patronne. Allons bavarder... Quand vous aurez fini, vous nous ferez signe.

CHARLOTTE, *passant près de Julien, bas*. — Si c'était le miracle demandé ?

JULIEN, *souriant à Tourneur*. — Je suis à votre disposition.

Charlotte et Joséphine sortent par la droite.

SCÈNE X

JULIEN, TOURNEUR

TOURNEUR. — Je vais vous expliquer mon affaire en deux mots. Le journal *La Boussole* m'attaque déjà depuis longtemps.

JULIEN. — J'ai lu ça.

TOURNEUR. — Bon. S'il ne s'agissait que de blaguer mes fêtes ou ma manière de vivre, cela me serait bien égal, vous pensez ! Mais *La Boussole* en est arrivée à de véritables outrages envers moi et envers mon père, ou plutôt la mémoire de mon père, car il est mort, il y a...

Il cherche.

JULIEN. — Il y a cinq ans.

TOURNEUR. — C'est cela. Mon père — je n'ai pas besoin d'insister, puisque vous êtes renseigné, — a gagné une grosse fortune, comme entrepreneur. Il a exécuté des travaux considérables pour le compte de l'État et de la Ville, et il s'est fait naturellement des tas d'ennemis, qui ont inventé sur son compte des histoires infâmes qu'on n'a jamais pu prouver. Il est mort officier de la Légion d'honneur, et je prétends empêcher qu'on l'insulte aujourd'hui, et moi par la même occasion. Ai-je raison ?

JULIEN. — Profondément.

TOURNEUR, *prenant des coupures de journaux dans son portefeuille*. — Tenez : au cas où vous ne les auriez pas bien lus, voici quelques articles... À propos d'un bal très chic que j'avais donné : « Il est regrettable que les familles d'ouvriers et les petits industriels réduits à la misère par feu Tourneur n'aient pas été invités... » etc. Un autre jour : « L'État, qui a l'habitude d'être volé, — rappelez-vous les affaires de la bande Tourneur et Cie... » Et tout le temps comme ça ! C'est intolérable ! Je suis furieux ! Il faut que cela finisse !

JULIEN. — Ça finira.

TOURNEUR. — J'ai consulté trois de mes amis, Sigismond, Lebrancard et Poussier.

JULIEN. — Qu'ont dit ces messieurs ?

TOURNEUR. — Sigismond m'a conseillé d'aller casser la figure à deux ou trois journalistes ; Lebranchard voulait que j'envoie des témoins.

JULIEN. — Et Poussier ?

TOURNEUR. — C'est lui qui m'a donné l'idée de faire un procès.

JULIEN. — Et vous ? Quelle était votre opinion personnelle ? Vers quelle solution étiez-vous particulièrement attiré ?

TOURNEUR. — Moi, si je m'étais écouté, j'aurais cogné.

JULIEN. — Ah !

TOURNEUR. — D'abord, je suis très vigoureux... Mais j'ai réfléchi qu'après avoir cogné une première fois, il me faudrait cogner une seconde.

JULIEN. — Très bien raisonné.

TOURNEUR. — Et puis, où cogner ? dans la rue ? au théâtre ? C'est très compliqué. Le duel a les mêmes inconvénients, et ça n'aurait pas empêché la campagne de recommencer le lendemain. En outre, on peut tuer son adversaire, et ça m'ennuierait. Je ne suis pas méchant, au fond.

JULIEN. — Et vous êtes décidé pour le procès ?

TOURNEUR. — Oui. Je demanderai des dommages et intérêts formidables. Je suis bon garçon, c'est vrai, mais je sais me défendre quand on m'attaque. On m'a apporté un petit dossier sur le directeur de *La Boussole*, Vermoulin : je vous le remettrai. Il y a quelques histoires de jeunesse, avec preuves à l'appui, je ne vous dis que ça... Nous le traînerons dans la boue, Vermoulin, en plein tribunal ! Ce sera un scandale dans la presse. Je consacrerai six mois de ma vie, s'il le faut, à cette affaire-là, et ça ne m'amuse fichtre pas ! Mais j'en finirai avec *La Boussole*, d'une manière ou d'une autre !... Qu'est-ce que vous dites de mon plan ?

JULIEN, *se levant*. — Voilà. Eh bien ! votre plan n'est pas mauvais dans les grandes lignes ; mais il a une foule d'inconvénients. Laissez-moi vous expliquer, vous verrez... Que cherchez-vous ? La fin d'une campagne de presse qui vous horripile. Il est certain qu'un procès, sans être un moyen tout à fait radical, est encore ce qu'il y a de mieux dans votre cas. Ce procès, je vous le plaiderai, et je vous le gagnerai probablement...

TOURNEUR. — Comment ! probablement !... Vous admettez que je puisse perdre ! Ce serait un déni de justice !

JULIEN. — Il faut tout prévoir. Mais j'espère que je vous le gagnerai. Où nous différons d'avis complètement, c'est sur les moyens à employer... Vous voulez traîner Vermoulin dans la boue ? C'est une grosse faute. Vous n'aurez pas le tribunal avec vous, ni le public. Vermoulin est un homme qui, depuis dix ans, accuse tout le monde de vol, de concussion, d'immoralité, de lâcheté... A qui ferez-vous croire qu'un monsieur qui a pris cette attitude ait quelque chose à se reprocher ? (*Geste de Tourneur.*) Attendez donc, voyons... Oui, vous raconterez des histoires sur son passé. Et, en effet, il est fort obscur, le passé de Vermoulin. Mais justement, à force d'être obscur, il est devenu inattaquable. Je vous le dis carrément : vous n'avez aucune prise sur ce gaillard-là, pas même la ressource de l'acheter. Car pourquoi se vendrait-il ? Ça ne lui rapporterait jamais autant que d'être incorruptible.

TOURNEUR, *se calmant*. — Mon cher, vous êtes le premier qui me disiez des choses raisonnables.

JULIEN. — Si je n'écoutais que mon intérêt, je vous dirais le contraire. Je vous pousserais à faire un scandale. Je

n'ai qu'à y gagner : je suis avocat. Mais vous m'êtes très sympathique.

TOURNEUR, *touché*. — Et moi de même, mon cher ami, parole d'honneur !

JULIEN. — Alors, vous allez me laisser faire. Au lieu de réclamer cent mille francs de dommages et intérêts à Vermoulin, nous lui réclamerons un franc.

TOURNEUR. — Oui.

JULIEN. — Au lieu de le couvrir de boue, nous nous étonnerons qu'avec son beau talent il s'acharne sur la mémoire d'un homme qui a rendu, après tout, de grands services au pays. Je ferai délicatement comprendre à son avocat que nous aurions pu raconter des histoires assez désagréables pour lui et que nous ne l'avons pas fait, par considération pour la presse. Nous arrangerons cela de confrère à confrère. Alors, vous aurez tout le monde pour vous. Le public dira : « C'est un fils qui défend son père. » Le tribunal vous accordera votre franc de dommages et intérêts, et vous donnerez une fête où vous inviterez Vermoulin, qui trouvera très élégant d'y venir.

TOURNEUR. — Vous avez mille fois raison !... Où avais-je la tête ? J'allais m'embarquer dans une jolie histoire !

JULIEN. — Vous en aviez pour six mois d'ennuis de toutes sortes.

TOURNEUR. — Ma saison était fichue !... (*Serrant la main de Julien.*) Mon cher, vous venez de me rendre, sans raison, uniquement pour ma bonne figure, un gros service ! Voulez-vous être mon ami !

JULIEN, *affectueusement*. — Ça ne se demande pas !

Ils se serrent encore une fois la main.

TOURNEUR. — Vous verrez, je ne suis pas aussi banal que j'en ai l'air. Je sais faire la différence entre les gens, et vous êtes plus fort à vous tout seul que tous les fumistes que j'ai consultés jusqu'ici.

JULIEN. — Vous êtes bien aimable.

TOURNEUR. — Maintenant, à nous deux !... Comment se fait-il que vous ne soyez pas plus... (*Il s'arrête.*) Dites donc, on peut vous parler franchement ?

JULIEN. — Il le faut.

TOURNEUR. — Comment se fait-il que vous ne soyez pas plus connu que vous ne l'êtes?... Ça ne vous froisse pas que je vous dise ça?

JULIEN. — Du tout. C'est bien simple : j'ai horreur de plaider pour n'importe qui et de courir le client.

TOURNEUR. — Vous devez parler très bien!

là... Est-ce que Pétrel n'est pas de la Nièvre?

JULIEN. — C'est contre lui que je me présenterai.

TOURNEUR. — Ah! ah! elle est bonne!... Ce vieux Pétrel!... Mais vous serez nommé, cher ami! C'est un imbécile, Pétrel!

JULIEN. — Il n'est pas fort, c'est vrai.

JULIEN. — Heu...

TOURNEUR. — Si... si... on devine ça... Vous avez la voix, le geste... On ne vous épaterait pas facilement... C'est fâcheux que vous ne fassiez pas de politique!

JULIEN. — Je n'attends que l'occasion.

TOURNEUR. — Vous voyez, je devine... Ce cher ami! Est-ce que vous avez l'intention de vous présenter quelque part, aux prochaines élections?

JULIEN. — Dans mon pays... la Nièvre.

TOURNEUR. — La Nièvre... Il me semble que je connais un député de ce pays-

TOURNEUR. — C'est une brute! Je suis très bien avec lui! mais il n'en faut plus à la Chambre.

JULIEN, riant. — Il nous embête!

TOURNEUR, riant plus fort. — Il nous rase!... Et puis, il ne parle jamais!

JULIEN. — Qu'est-ce que ce serait, s'il parlait?

TOURNEUR. — Oui!... Dites donc, Bréard, moi je n'y vais pas par quatre chemins avec les gens qui me plaisent. Si on se tutoyait?

JULIEN. — Ça me parait indispensable.

TOURNEUR. — Dinons-nous ensemble, ce soir? Avec ta bonne amie, cela va sans dire.

JULIEN. — Parbleu!

TOURNEUR. — Allons chercher ces dames.

JULIEN, *ouvrant la porte de droite.* — Charlotte... Nous avons terminé... Venez donc.

SCÈNE XI

Les Mêmes, CHARLOTTE JOSÉPHINE

TOURNEUR. — Mesdames, nous dinons tous les quatre ensemble, et pas plus tard que dans une heure... (*A Julien.*) Où veux-tu dîner?

JULIEN. — Où tu voudras.

Mines stupéfaites de Charlotte et de Joséphine

TOURNEUR. — Oui, c'est comme ça... on est une paire d'amis. On vous racontera l'histoire à table.

JOSÉPHINE. — Dieu! que je suis contente.

TOURNEUR. — Assez, gosse! Sur le coup de dix heures on ira dans un boui-boui. Nous avons rendez-vous, d'ailleurs, avec Poussier et Sigismond qui accompagnent Simone. (*A Charlotte.*) Simone... Simone Baudrin. Est-ce que vous ne la connaissez pas?

CHARLOTTE, *avec un froncement de sourcils.* — Oui... oui... un peu.

TOURNEUR. — Vous nous retrouverez au Café de Paris, à huit heures

JULIEN. — Entendu.

TOURNEUR, *sortant avec Joséphine et reconduit par Julien.* — Au revoir, les enfants!

SCÈNE XII

JULIEN, CHARLOTTE

CHARLOTTE. — Tu es content, dis, mon Julien?

JULIEN. — Ne prenons pas des airs de triomphe parce que nous avons été tutoyés par un monceau d'or.

CHARLOTTE. — Si..., si... c'est très heureux!

JULIEN. — Evidemment, ça vaut mieux que la haine mortelle. Va t'habiller.

CHARLOTTE. — C'est la fortune; je te le prédis, moi!

JULIEN. — Peut-être!... va t'habiller!

ACTE TROISIÈME

A Trouville, chez Tourneur. Grand hall donnant sur les jardins.

SCÈNE PREMIÈRE

SIGISMOND, POUSSIER, LEBRANCARD

Tous les trois jouent au whist à une table de jeu, à droite.

POUSSIER. — Plus qu'un tour, voulez-vous ? C'est idiot de jouer au whist tout de suite après dîner !

LEBRANCARD. — Tu as raison. Tourneur et Bréard sont plus malins que nous ; ils fument des cigares au grand air.

SIGISMOND, *donnant les cartes.* — Tourneur et Bréard sont plus malins que nous sous tous les rapports.

POUSSIER. — Surtout Tourneur.

SIGISMOND. — Non, surtout Bréard, parce que Tourneur n'a eu qu'à hériter de son père, ce qui est à la portée du premier venu.

LEBRANCARD. — Eh bien ! et Bréard, qu'est-ce qu'il a fait ?

SIGISMOND. — Bréard, il y a quelques mois, n'était qu'un petit avocat sans clientèle, ayant toutes les peines du monde à ne pas mourir de faim.

POUSSIER. — Qui est-ce qui n'a pas toutes les peines du monde à ne pas mourir de faim ?

SIGISMOND. — Toi... Aujourd'hui il est l'ami intime de Tourneur, il est installé ici à Trouville chez lui, il a accaparé toutes les affaires que le père Tourneur a laissées à son fils, et il est en route pour la grosse situation. Car il a trouvé le moyen de se faire plus de réclame avec le procès Vermoulin, — un petit procès de rien du tout, — qu'un autre avec dix ans de travail.

LEBRANCARD. Du talent!

SIGISMOND. - Aucun!

LEBRANCARD. — De l'avenir!

SIGISMOND. — Beaucoup... D'ailleurs, ce que j'en dis n'est pas pour le débiner : il m'est très sympathique.

POUSSIER. — Et à moi aussi.

SIGISMOND. J'adore les gens à qui tout réussit, qui ont la veine : au moins, on sait à quoi s'en tenir. Quand on se bat avec ces gens là, on est sûr d'être blessé : quand on fait une affaire avec eux, on est sûr d'être roulé. Il arrivent toujours au bon moment; ils s'en vont toujours quand il faut. Ils ont un instinct admirable pour reconnaître les hommes qui leur seront utiles et les femmes qui les rendront heureux, et un flair non moins subtil pour éviter les autres... La chance, voyez-vous, mes enfants, il n'y a plus que cela de vrai dans une société qui est devenue une maison de jeu. Seulement c'est comme le génie ou comme la beauté : on l'a ou on ne l'a pas!

POUSSIER. — Des gaillards comme Bréard, il n'y a qu'à être leur ami.

LEBRANCARD. — Jusqu'au moment où la veine tourne.

POUSSIER. — Il est toujours temps de les lâcher à ce moment-là.

LEBRANCARD, baissant un peu la voix. — Est-ce vrai, ce qu'on m'a dit tantôt?... Simone et Bréard... ?

SIGISMOND. — Pas encore.

LEBRANCARD. — Es-tu sûr?

SIGISMOND, — Absolument. Simone m'aurait prévenu... Je suis son directeur de conscience. Elle ne fait jamais une bêtise sans me demander conseil.

LEBRANCARD. — Tu nous tiendras au courant?

SIGISMOND. — Parbleu! (Voyant entrer par le fond Tourneur, Bréard, Charlotte et Joséphine.) Chut!

SCÈNE II

LES MÊMES, TOURNEUR, BRÉARD, CHARLOTTE, JOSÉPHINE

TOURNEUR, donnant le bras à Charlotte. — Vous n'avez pas honte de rester enfermés par une nuit pareille?

SIGISMOND. On a fini dans cinq minutes... mesdames...

JOSÉPHINE. — Ne vous dérangez pas.

TOURNEUR, à Charlotte. — Avouez que c'est amusant, Trouville?

CHARLOTTE. — Je crois bien!

TOURNEUR. — Et encore, cette année-ci, c'est très calme : on est sage.

CHARLOTTE. — On se couche avant trois heures du matin.

TOURNEUR. — Comme les poules!

CHARLOTTE. — Comme les poules de Trouville.

TOURNEUR, frappant sur l'épaule de Julien. — Ce vieux Julien! Je suis content de nous trouver tous les quatre ici!

JULIEN. — Nous sommes tous contents.

TOURNEUR. — Dire que nous ne nous connaissions pas, il y a trois mois!

JOSÉPHINE. — J'étais là heureusement!

TOURNEUR, à Julien. — C'est grâce à toi, pourtant, que je n'ai pas raté ma saison!

JULIEN. — Oh!...

TOURNEUR. — Si! si!... Tout ce que tu m'as prédit est arrivé, et sans toi je faisais une gaffe terrible! Tandis que j'ai gagné mon procès et que je suis réconcilié avec Vermoulin; à preuve qu'il est à Trouville et qu'il viendra souper avec nous ce soir.

JOSÉPHINE. — Qui est-ce donc, Vermoulin?

TOURNEUR. — C'est le journaliste qui m'a tant injurié.

JOSÉPHINE. — Ah! bon...

TOURNEUR. — Tu le mettras à ta droite.

JOSÉPHINE. — On rira!

TOURNEUR. Ces messieurs et dames arriveront vers onze heures, après la re-présentation du Casino. On fera un petit

TOURNEUR. — Vous n'avez pas honte de
rester enfermés par une nuit pareille ?

poker jusque vers une heure et demie, et
puis on soupera gentiment... Nous n'avons
plus que quelques jours à rester au bord
de la mer ; il faut en profiter.

JOSÉPHINE. — Combien sera-t-on ?

TOURNEUR. — Quinze ou vingt, ou
peut être davantage. Je ne me rappelle
plus qui j'ai invité.

JOSÉPHINE. — Toto, Juliette, Léontine...

TOURNEUR. — Germaine Bilbot.

SIGISMOND. — Avec Versac, qui est
libre ce soir, parce que sa femme est allée
à Rouen.

LEBRANCARD. — Comment ! Versac
est... Tu fais bien de me le dire, car je
connais très bien sa femme !

SIGISMOND. — Maintenant, tu connais
aussi sa maîtresse.

CHARLOTTE. — Vous connaissez toute
la famille.

SIGISMOND. — Oh ! d'ailleurs, il n'y a
pas de danger. Germaine a beaucoup de
tact.

CHARLOTTE. — La maîtresse d'un
homme marié est obligée de se tenir mieux
que sa femme.

TOURNEUR. — Comme c'est vrai, ce
que vous dites là !... je vous ai raconté
ce qui s'est passé cet hiver entre elles
deux ?

CHARLOTTE. — Non.

TOURNEUR. — A une fête de charité.
Germaine vendait des fleurs : Mme de
Versac s'amuse à lui en acheter. Peu à
peu, elles se mettent à causer, et Mme de
Versac, qui avait commencé par trouver
cela très drôle, finit par dire à l'autre des
impertinences.

JOSÉPHINE. — Oh !

TOURNEUR. — Mais Germaine, au lieu
de se fâcher, les reçoit avec beaucoup de
sang-froid et réplique en souriant : « Au
moins, moi, madame, je suis fidèle à votre mari. »

JOSÉPHINE. — Très bien !

SIGISMOND. — Et c'est vrai !

JOSÉPHINE. — Alors, nous disons :
Juliette, Toto, Léontine, Germaine...

TOURNEUR. — Simone, naturellement.

JOSÉPHINE. — Oh ! oui, naturellement !

Le jour où tu ne l'inviteras pas, celle-
là...

TOURNEUR. — Ne t'énerve pas ! ne
t'énerve pas !

JOSÉPHINE. — C'est toi qui es éner-

TOURNEUR. — A UNE FÊTE DE CHARITÉ, GERMAINE
VENDAIT DES FLEURS.

vant ! Tu ne parles que d'elle !... Simone
Baudrin, la belle Simone... On ne peut
pas la voir sans l'aimer... Oh ! je sais que
vous en êtes tous toqués ; mais ça m'est
bien égal !

TOURNEUR. — J'en suis toqué ?..

JOSÉPHINE. — Parfaitement! Et Julien aussi!

JULIEN, *souriant*. — Moi?

JOSÉPHINE. — Oui, vous! Vous lui faites la cour dans tous les coins!

JULIEN. — Mais pas du tout!

JOSÉPHINE. — Vous ne lui faites pas la cour?

JULIEN. — Non.

JOSÉPHINE. — Qu'est-ce que vous lui faites, alors?

JULIEN. — Rien!

JOSÉPHINE. — D'abord, vous, si vous aviez le malheur de tromper Charlotte, je ne vous parlerais plus de ma vie!

CHARLOTTE, *à Julien, gaiement*. — En tous cas, tu n'oublies pas nos conventions? Tu m'avertirais?

JULIEN. — Je te le promets!

TOURNEUR. — Pour quoi faire?

CHARLOTTE. — Pour m'en aller.

TOURNEUR. — Où ça!

CHARLOTTE. — Mais, confectionner des corbeilles!... Vous ne paraissez pas vous douter que j'excelle dans la confection des corbeilles?

TOURNEUR. — Et nous, qu'est-ce que nous deviendrions dans cette combinaison? On ne se verrait donc plus?...

CHARLOTTE. — Vous viendriez me voir au magasin... Ce ne serait pas la première fois.

JOSÉPHINE, *à Tourneur, le menaçant*. — Et tu en paierais, des fleurs, si ça arrivait!

CHARLOTTE. — Ce serait effrayant!

TOURNEUR. — Je trouve stupide ce sujet de conversation, surtout à propos de Simone, qui est à cent lieues de... Elle est devenue une femme sérieuse. Elle a un salon politique... N'est-ce pas, Sigismond?

SIGISMOND. — C'est-à-dire que, si on n'est pas un homme politique, il n'y a rien à faire avec elle.

CHARLOTTE. — Alors, un simple avocat?...

SIGISMOND. — Poussière!

CHARLOTTE, *à Julien*. — Attrape!

TOURNEUR. — Elle songerait même à se marier que ça ne m'étonnerait pas.

JOSÉPHINE. — Avec un ministre, j'espère?

SIGISMOND. — Rien ne s'y oppose. Avec cent mille francs de rentes et une mauvaise réputation intacte, elle peut épouser qui elle veut.

TOURNEUR. — Au fait, Charlotte, je n'ai pas osé inviter votre amie.

CHARLOTTE, *riant*. — Geneviève? Ah! elle ferait une bonne figure au milieu de ces dames!... Je ne vous ai donc pas dit qu'elle était institutrice?

TOURNEUR. — Il est déjà venu des institutrices chez moi.

CHARLOTTE. — Mais pas comme Geneviève!

JOSÉPHINE. — Non, mon vieux!

CHARLOTTE. — D'ailleurs, elle part ce soir. Elle s'est risquée une fois à Trouville, pour me voir; mais elle passe ordinairement ses vacances aux Batignolles.

TOURNEUR. — Vous lui ferez bien mes compliments.

CHARLOTTE. — Je n'y manquerai pas.

POUSSIER, *se levant*. — Là! c'est fini... Tourneur, donne-moi un cigare; je vais le fumer sur la terrasse.

TOURNEUR, *à Joséphine*. — Donne donc des cigares à Poussier... Tu ne t'occupes pas du tout de tes invités! c'est désolant!

JOSÉPHINE, *prenant une boîte*. — Tenez, l'invité.

POUSSIER. — Merci.

Pendant que Poussier, Joséphine, Lebrancard, Sigismond, Tourneur s'éloignent vers le fond, Julien et Charlotte restent seuls au premier plan, après quelques répliques.

SCÈNE III

JULIEN, CHARLOTTE, LES AUTRES VISIBLES

CHARLOTTE. — Tu sais... au fond, je ne le crois pas.

JULIEN. — Quoi ?

CHARLOTTE. — Que tu sois amoureux de cette femme.

JULIEN. — Mais je l'espère bien ! Quelle folie !

CHARLOTTE. — Tu n'en es pas amoureux, n'est-ce pas ?

JULIEN. — Il n'en est pas question.

CHARLOTTE. — Tu en es sûr ?

JULIEN. — Très sûr !

CHARLOTTE. — Regarde-moi en face.

JULIEN, *souriant*. — Voilà.

CHARLOTTE. — Il est vrai que, si cela était, tu me regarderais exactement de la même façon !

JULIEN. — Pardon ; je serais très gêné !

CHARLOTTE. — Toi ?... Ah ! mon pauvre chéri ! mais pas du tout ! Tu serais encore plus gentil ; c'est ce qu'il y a de terrible ! Tu es un de ces hommes, quand ils ne vous aiment plus, on ne s'en aperçoit pas... Je te connais.

JULIEN. — Si tu me connais, tu dois savoir, au contraire, que je t'aime et que je ne te ferai jamais de chagrin.

CHARLOTTE. — Ça, j'en suis convaincue... Je crois même que, pour m'éviter un petit chagrin de rien du tout, tu serais capable de me faire souffrir le martyre.

JULIEN. — Mais, chère madame, est-ce une petite scène de jalousie ?

CHARLOTTE. — Une bien petite !

JULIEN. — Il me semble que c'est notre début ?

CHARLOTTE. — Il n'est pas brillant !

JULIEN. — On ne recommencera pas ?

CHARLOTTE. — Je tâcherai. A condition que de ton côté tu t'appliques un peu...

JULIEN. — Je ferai des prodiges !

CHARLOTTE. — Car, ce n'est pas pour insister... mais, depuis que nous sommes à Trouville, Simone et toi, vous ne vous quittez pas d'une semelle.

JULIEN. — Toi non plus, tu ne la quittes pas.

CHARLOTTE. — Mais, moi, je ne demanderais pas mieux !

JULIEN. — Va, tout cela, c'est de la galanterie, sans importance, et pour ainsi dire machinale, dans le monde où nous vivons.

CHARLOTTE. — Quelle figure est-ce que j'ai, au milieu de toutes ces femmes ?

JULIEN. — Tu as une figure parfaite.

CHARLOTTE. — D'ailleurs, elles sont stupides, en général.

JULIEN. — Si tu les voyais en particulier !...

CHARLOTTE. — C'est encore Mme Baudrin la plus intelligente ; il faut être juste.

JULIEN. — Soyons justes.

CHARLOTTE. — Simone et toi, vous ne vous quittez pas d'une semelle.

CHARLOTTE. — Est-ce qu'on va rester encore longtemps ici ?

JULIEN. — Ça dépendra de Tourneur.

CHARLOTTE. — Lui, par exemple, je l'aime bien !... Te rappelles-tu la première fois qu'il est venu à la maison ? Dans quel état nous étions !

JULIEN. — On était couverts de dettes.

CHARLOTTE. — Tu venais justement de flanquer Chantereau à la porte.

JULIEN. — Oh ! celui-là... Figure-toi qu'il m'a écrit ce matin pour m'emprunter de l'argent !

CHARLOTTE. — Ça, c'est drôle !

JULIEN. — Il me dit : « Je suis complètement ruiné ! Tous les gens à qui j'ai rendu des services me tournent le dos. Alors, je m'adresse à ceux à qui je n'ai causé que des désagréments. Prêtez-moi cinq louis. »

CHARLOTTE, *riant*. — Tu vas les lui prêter?

JULIEN. — Je les lui ai envoyés tout de suite.

CHARLOTTE. — Et tes autres créanciers, qu'est-ce qu'ils deviennent?

JULIEN. — Tu vois : ils deviennent mes débiteurs. Comme on change!

CHARLOTTE. — Ne change pas trop.

JULIEN. — Non.

CHARLOTTE. — Et puis, de temps en temps, dis, songe que je t'aime de toute mon âme!...

JULIEN, *ému*. — Oui, Charlotte... oui, j'y pense souvent, et je t'aime aussi... je t'aime beaucoup.

———

SCÈNE IV

LES MÊMES, TOURNEUR, SIGISMOND JOSÉPHINE

TOURNEUR, *du fond*. — Si on préparait le souper dans le jardin? (*A Julien, s'avançant.*) Qu'est-ce que tu dis de ça?

JULIEN. — Très bonne idée.

TOURNEUR. — N'est-ce pas, Sigismond?

SIGISMOND. — Le temps le permet et même l'exige.

TOURNEUR. — Ça vous va-t-il, Charlotte?

CHARLOTTE. — Mais oui; ce sera charmant.

TOURNEUR, *à Joséphine*. — Et toi, gosse?

JOSÉPHINE. — Ce n'est pas une idée géniale: mais je n'y vois pas d'inconvénient.

TOURNEUR. — Alors, tu vas t'occuper d'arranger tout ça?

JOSÉPHINE. — Oui. Ne t'émotionne pas pour si peu. Il n'y a pas besoin de tant d'histoires pour mettre des tables dans un jardin!

TOURNEUR. — Cette petite est une maîtresse de maison déplorable!... (*A un*

valet de pied qu'il a sonné à l'une des répliques précédentes.) Vous disposerez quatre tables pour le poker dans la véranda.

LE DOMESTIQUE. — Bien, monsieur.

TOURNEUR. — Vous avez vu les tziganes? Ils seront exacts?

LE DOMESTIQUE. — Ils seront exacts; mais ce ne sont pas des tziganes. Ce sont des musiciens de l'Eden qui auront des costumes de tziganes.

TOURNEUR. — C'est la même chose.

SIGISMOND. — C'est même mieux.

Entre Simone.

TOURNEUR. — Voici notre belle amie.

Il s'avance vivement vers elle.

JOSÉPHINE, *à Charlotte*. — Mais regardez-la donc!... A-t-elle assez l'air d'avoir celui de vous dire : « Moi, il y a un imbécile qui m'a laissé trois millions! »

——

SCÈNE V

LES MÊMES, SIMONE

SIMONE. — Mesdames... (*A Bréard.*) Cher Monsieur...

Elle serre des mains.

SIGISMOND. — Comment! vous n'êtes pas à la représentation du Casino, vous?

SIMONE. — Elle est sans intérêt : un vrai spectacle de ville d'eaux... (*A Tourneur.*) Non: je suis ici de bonne heure, avant tout le monde, parce que je viens intriguer... J'ai quelque chose à vous demander.

TOURNEUR. — A moi?

SIMONE. — A vous.

JOSÉPHINE, *d'un air excessivement aimable*. — Alors, c'est accordé d'avance.

TOURNEUR. — Une affaire sérieuse?

SIMONE. — Un de mes amis à vous recommander.

TOURNEUR. — Eh bien! vous ne savez pas ce que vous allez faire? Vous allez en parler à Bréard : les affaires sérieuses, ça

regarde Bréard. Moi, j'ai juré de ne plus
m'en occuper !

SIMONE, *se tournant en souriant vers
Julien*. — Dans ce cas, cher monsieur...

JULIEN. — Je suis à vos ordres, madame.

TOURNEUR. — On vous laisse, les enfants... Allons nous occuper de l'éclai-
rage du jardin. (*A Joséphine.*) Viens, gamine !

SIMONE. — A vous.

CHARLOTTE, *à Julien, bas*. — Tu re-
marqueras que je m'en vais sans faire le
plus petit geste de jalousie : tu le remar-
queras, n'est-ce pas ?

JULIEN. — Je le remarque avec plaisir.

Tous sortent, laissant Julien et Simone.

SCÈNE VI

JULIEN, SIMONE

SIMONE. — Voici mon affaire...

JULIEN, *vivement, regardant si tout
le monde est parti*. — Oh ! non ; n'en
parlons pas ! Tout ce que vous me
demanderez est accordé d'avance ; alors
ce n'est pas la peine... Mais, si vous
croyez que je vais causer d'affaires avec
vous, pour une fois que nous sommes
seuls... Avez-vous reçu ma lettre, cet
après-midi ?

SIMONE. — Mais oui.

JULIEN. — Vous avez aussi reçu celle
d'hier ?

SIMONE. — Aussi.

JULIEN. — Et celle d'avant-hier ?

SIMONE. — Egalement.

JULIEN. — Et dans toutes ces lettres
je vous dis que je vous aime... quand me
répondrez-vous ?

SIMONE. — Quand je serai sûre que
vous m'aimez vraiment.

JULIEN. — Qu'est-ce qu'il vous faut ?

SIMONE. — Il me faut un peu moins de
plaisanterie, un peu moins d'ironie et un
peu plus de sincérité.

JULIEN. — L'ironie est une des formes
de la sincérité.

SIMONE. — Trouvez autre chose.

JULIEN. — Alors, jusqu'à présent ?...

SIMONE. — Non, mon ami, non, ce
n'était pas ça du tout !

JULIEN. — Dame ! nous ne sommes jamais restés ensemble plus de trente ou
quarante secondes.

SIMONE. — Vous avez compté ?

JULIEN. — Il y a toujours vingt personnes autour de nous !

SIMONE. — La foule est aussi une soli-
tude. Qui a dit cela ?

JULIEN. — C'est un homme qui n'est
jamais allé à un rendez-vous... Serez-vous
chez vous demain dans l'après-midi ?

SIMONE. — Non.

JULIEN. — Serez-vous ailleurs ?

SIMONE. — Non plus.

JULIEN. — Vous ne voudriez donc jamais... jamais ?

SIMONE. — Ça dépendra... J'allais
vous dire que mon ami Pétrel...

JULIEN. — Hé ! je me moque bien de
Pétrel !... Pétrel le député ?

SIMONE. — Oui.

JULIEN. — Qu'est-ce qu'il veut ?

SIMONE. — Il veut la succession de Bérain, qui vient de mourir.

JULIEN. — Ah! oui.

SIMONE. — Bérain, le directeur de la Compagnie des Eaux du Centre; une affaire de Tourneur... Et, puisque c'est vous qui vous occupez des affaires de Tourneur?...

JULIEN. — Il veut la succession de Bérain? Il l'a... Mais maintenant, qu'il nous laisse tranquilles!... Simone... je vous en prie...

SIMONE. — Je peux m'engager?

JULIEN. — Oui... oui... Ah! diable! j'oubliais!... Mais Pétrel est député! les deux fonctions sont incompatibles!

SIMONE. — Il donnera sa démission. Il a de la politique par-dessus la tête.

JULIEN. — Comment! il donnerait sa démission?

SIMONE. — Tout de suite.

JULIEN. — Vous êtes sûre?

SIMONE. — Absolument.

JULIEN. — Mais alors, je me présente à sa place!... Je devais me présenter contre lui aux élections générales : je préfère cette combinaison!

SIMONE. — En effet, vous êtes compatriotes. J'avais oublié... Vous avez des chances?

JULIEN. — C'est-à-dire que je n'aurai aucun concurrent.

SIMONE. — Je vous félicite. La carrière politique est la meilleure, aujourd'hui, pour un homme de votre âge et de votre caractère. Nous en recauserons. Je ne suis pas tout à fait sans influence... Aurez-vous l'appui du Gouvernement?

JULIEN. — Je n'en ai pas besoin... Si j'étais aussi sûr de votre amour que de mon élection...

SIMONE. — Soyez donc sérieux ; je ne suis pas une associée à dédaigner.

JULIEN. — Ecoutez, Simone, il ne s'agit plus de politique. Pétrel a la place de Bérain ; il démissionne, je suis nommé! c'est entendu, il n'y a aucun doute. Ne parlons plus de ça!... Je vous adore, Simone! Je vous l'ai assez écrit : laissez-moi au moins vous le répéter dans des conditions qui me permettent d'être éloquent!

SIMONE. — Nous verrons... plus tard.

JULIEN. — Vous n'êtes pas gentille!

SIMONE. — Mais... c'est vous qui êtes étonnant! Vous n'avez pas l'air de vous rappeler que vous avez emmené une maîtresse à Trouville, et vous me proposez... Au fait, qu'est-ce que vous me proposez?

JULIEN. — J'espérais m'être fait comprendre.

SIMONE. — Oui... oui... je vous embarrasse... Alors...

JULIEN. — Pas du tout : vous ne m'embarrassez pas.

SIMONE. — Vous n'allez pas nier que vous ayez une maîtresse?

JULIEN. — Je ne le nie pas.

SIMONE. — Et que vous l'aimez?

JULIEN. — J'ai beaucoup d'affection pour elle.

SIMONE. — Et pour moi, qu'est-ce que vous avez?

JULIEN. — J'ai d'autres sentiments. J'ai le désir continuel, la pensée toujours avec vous; votre image, vos lèvres toujours devant les yeux. J'ai la jalousie. J'ai l'amour, enfin!

Entre Charlotte.

CHARLOTTE. — Tu n'as pas vu mon boa?

JULIEN. — Tiens! (*Il le lui donne.*)

Sort Charlotte.

SIMONE. — Voulez-vous me passer aussi mon manteau?... (*Pendant que Julien lui met le manteau sur les épaules.*) Et Charlotte... ? Vous ne la désirez pas? ou vous ne la désirez plus?

JULIEN, *hésitant.* — Non.

SIMONE. — Alors, vous allez la quitter?

JULIEN. — Charlotte?... Mais non... je ne vais pas la quitter...

SIMONE. — Vous n'allez pas la quitter?

JULIEN. — Non...

SIMONE. — Ah! très bien!... Je vois ce que vous me proposez, maintenant; je le vois à merveille! Vous me proposez de vous divertir quelques instants avec moi. Merci, trop aimable!... Ah ça! pour qui me prenez-vous? Comment! vous supposez que moi je consentirai jamais à être

la seconde maîtresse d'un monsieur ! Pourquoi pas entrer dans un harem ? Mais,
mon cher, jamais je n'accepterai une situation pareille ! jamais ! Vous entendez :
jamais ! serais-je amoureuse à en perdre la
tête !

JULIEN. — Vous m'aimez donc un
peu ?... C'est vrai, dites, Simone ?

SIMONE. — Peut-être.

JULIEN. — Et moi, je t'adore, je suis
fou !

SIMONE. — Je vous aime aussi... oui,
je vous aime, Julien. Mais quant à vous
aimer, clandestinement, comme un homme
marié, non ! Je ne veux pas de fiacres, ni
d'hôtels meublés, et, s'il me plaît d'aller
chez mon amant, je veux pouvoir y aller.
Je n'exige pas des choses extraordinaires :
il ne s'agit pas d'abandonner, pour me
suivre, votre femme et vos enfants. Il
s'agit de choisir entre une maîtresse que
vous n'aimez plus et moi que vous aimez...
Vous n'avez aucun engagement avec cette
femme, n'est-ce pas ? Vous ne lui avez
fait perdre aucune situation ? Vous n'êtes
pas son premier amant ?... Pourquoi ne
la quittez-vous pas ?

JULIEN. — Pourquoi je ne quitte pas
Charlotte ?... Parce que je n'ai pas ce
que vous avez, et qui vous rend, d'ailleurs, plus ardente et plus désirable.

SIMONE. — Quoi ?

JULIEN. — La cruauté.

SIMONE. — Soyez donc tranquille.
Vous ne lui feriez pas tant de peine que
ça !

JULIEN. — Qu'en savez-vous ?

SIMONE. — C'est excessivement curieux !... Vous allez donc rester toute votre vie avec une femme qui n'est pas de
votre monde, qui n'a pas d'éducation ni
de distinction véritable et qui est incapable de vous comprendre ?... C'est de
l'héroïsme, mon cher ! Tous mes compliments !

JULIEN. — Je ne vous ai pas dit que
ma liaison avec Charlotte serait éter-
nelle... Et puis, vous vous trompez tout à
fait sur son compte. Elle est très intelligente, d'une intelligence très originale...
C'est une créature charmante !

SIMONE. — Vous avez de l'aplomb, de
me dire ça en face !

JULIEN. — Mais c'est un hommage que
je vous rends, et pour un rien vous me
diriez que je vous insulte ! Comme c'est
drôle de ne pas comprendre ça !... Vous
seriez contente de m'entendre parler de
Charlotte avec mépris... vous souririez,
vous approuveriez... Eh bien ! alors, qui
serais-je, moi qui depuis près d'un an vis
avec elle de mon plein gré ?... Tenez, Simone, vous m'avez pris entièrement, et
si je ne vous possédais pas un jour, je serais très malheureux ! Mais quant à dire
plus ou moins brutalement à Charlotte :
« Je ne t'aime plus; séparons-nous... »
non, il ne faut pas me demander ça ! Oh !
ce n'est pas pour me faire meilleur que je
ne suis ! Je suis très capable comme tout
le monde, de lâcheté, d'un farouche égoïsme ; mais il y a une certaine catégorie
d'actions que, pour arriver à un but, quel

JULIEN. — Tiens !

qu'il soit, je ne pense pas que je commette
jamais. Ce sont celles qu'on n'ose pas dis-
cuter avec soi-même, dont on ne peut pas

se tirer avec de la blague, et qui pourrissent au fond de nous en nous laissant toute la vie une sale odeur. Et en vous disant cela, Simone, non seulement je ne vous insulte pas, mais je vous donne une preuve définitive d'amour, dont vous devriez me récompenser immédiatement en me faisant un de ces sourires devant lesquels il ne reste plus qu'à s'incliner.

SIMONE. — Oui, mon ami, oui, tout cela est très touchant! Vous avez des raisons très nobles de ne vous décider à rien. Mais, moi, je suis pour le féroce « Chacun pour soi », quand il s'agit de mon cœur et de mon amour. Vous voulez que je sois à vous?...

JULIEN. — Oui, je t'en supplie... je t'en supplie... Quand... ?

SIMONE. — Chez toi... quand tu seras seul, quand tu seras libre! Ailleurs ou autrement, jamais! (*Ricanant en voyant Charlotte qui entre.*) Tenez voici cette femme admirable à qui vous avez consacré votre existence!

SCÈNE VII

JULIEN, CHARLOTTE, SIMONE

JULIEN, *à Charlotte.* — Viens... viens... Nous avons fini.

SIMONE. — (*A Julien.*) Alors, merci pour mon protégé, cher Monsieur. (*A Charlotte.*) Vous avez une jolie robe, ce soir, mademoiselle Charlotte.

CHARLOTTE. — Trop aimable!

SIMONE. — Qui est votre couturière?

CHARLOTTE. — Désirez-vous son adresse? Mais c'est une petite couturière de rien du tout.

SIMONE. — Merci. J'ai la mienne, je ne tiens pas à changer.

CHARLOTTE, *avec la plus grande amabilité.* — Ce serait dommage.

SIMONE, *s'éloignant.* — Ces messieurs sont dans le jardin?

CHARLOTTE. — Et ils vous attendent avec impatience.

SCÈNE VIII

JULIEN, CHARLOTTE

CHARLOTTE. — Je vois que tu lui as accordé tout ce qu'elle te demandait.

JULIEN. — Et comme conséquence, c'est assez curieux, figure-toi... Je me présente à la députation dans mon pays, à la place de Pétrel, qui démissionne. Et je suis nommé naturellement. Oh! pour ça, il n'y a pas d'erreur! J'ai des renseignements : c'est fait!

CHARLOTTE. — Te voilà bientôt un grand personnage.

JULIEN, *riant.* — Député?... Mais ce n'est rien du tout!

CHARLOTTE. — Ce n'est peut-être rien pour un homme comme Pétrel, mais c'est beaucoup pour un homme comme toi. Enfin! c'était une de tes ambitions! Si tu l'as eue, c'est qu'elle n'était pas si puérile.

JULIEN. — Oh! je l'ai eue sans trop savoir pourquoi... Une fois élu, je me connais, je ne songerai qu'à démissionner.

CHARLOTTE. — N'importe! c'est un grand changement dans ta vie.

JULIEN. — Mais non...

CHARLOTTE. — Si. Je m'en rends compte, quoique je ne sois pas très au courant de ces choses-là. Tu vas entrer dans un milieu différent, faire des relations nouvelles. Il n'est pas possible que ton avenir ne commence pas à te préoccuper.

JULIEN. — Il ne me préoccupe pas du tout. Notre avenir se prépare en dehors de nous, et il n'y a qu'à l'accepter quand on nous le signifie. C'est parce que la petite Joséphine aura rencontré un jour Tourneur avenue de l'Opéra que je serai nommé député, et, en supposant que je rende plus tard des services à mon pays, c'est à Joséphine que mon pays le devra, et ils ne s'en douteront ni l'un ni l'autre!

CHARLOTTE. — Ça me navre toujours de t'entendre parler ainsi... Oui... oui... parce que tu raisonne de la même façon pour nous, pour notre liaison, pour notre amour. Pour toi, il n'y a dans la vie que des hasards. C'est par hasard que tu m'as

prise, et tu me gardes parce que ça se
trouve comme ça ! Mais tu ne t'es jamais
demandé si tu m'aimerais encore demain ;
tu n'as jamais vu au delà de la nuit que tu
passais avec moi ; et, quand tu aimeras une
autre femme, tu te diras encore : « C'est
le hasard ! » et tu ne résisteras pas.

JULIEN. — Mais voilà la question : je
n'aime pas une autre femme.

CHARLOTTE. — Si !

JULIEN. — Moi, j'aime une autre
femme ?...

CHARLOTTE. — Oui... oui !...

JULIEN. — Laquelle ?

CHARLOTTE. — Simone !

JULIEN. — Mais non, je n'aime pas
Simone ; je ne l'aime pas. Nous avons
déjà eu tout à l'heure une conversation à
son sujet, ici même. Il n'y a rien eu de
changé depuis.

CHARLOTTE. — Tout à l'heure j'étais
plus calme, parce que je ne vous avais
pas vus ensemble depuis hier ; je ne pensais plus à la manière dont tu lui souris,
dont tu lui parles... Tiens ! quand je suis
entrée ici il y a cinq minutes, j'ai surpris
vos yeux en flagrant délit !

JULIEN. — Ma petite Charlotte, c'est
absurde, absurde ! Nous causions politique : je lui disais des banalités.

CHARLOTTE. — Ce que tu lui disais, je
l'ignore. Mais tu devais lui dire des choses qui m'auraient tordu le cœur, probablement, si je les avais entendues ! Ces
choses-là, d'ailleurs, il n'y a pas besoin de
les entendre. On peut même en douter
encore quand on les entend ; mais quand
on ne les entend pas, on en est sûr ! Et
puis, j'en avais le pressentiment depuis
longtemps, depuis le premier jour que
Tourneur est venu à la maison. Elle nous
a rejoints au café-concert. Oh ! tu te rappelles... Eh bien ! ce soir-là, quand elle
s'est tournée vers toi, j'en ai eu la gorge
sèche !... Enfin tu es son amant, ou tu vas
l'être : tu ne peux pas y échapper...

JULIEN. — Tu ne sais pas ce que nous
allons faire, Charlotte ?... Nous allons
garder cette petite querelle-là pour tout à
l'heure, quand nous serons chez nous,
dans notre chambre.

CHARLOTTE. — Et alors, au premier
mot, tu me prendras dans tes bras, je perdrai la tête, et ce sera à recommencer le
lendemain... Non ! je ne veux pas !

JULIEN. — Tu tiens à ce que nous
nous fassions une scène devant cinquante
personnes !... Si tu y tiens, dis-le tout de
suite !

CHARLOTTE. — Ils s'occupent bien de
nous, tous ces gens-là ! Ils jouent, ils rient,

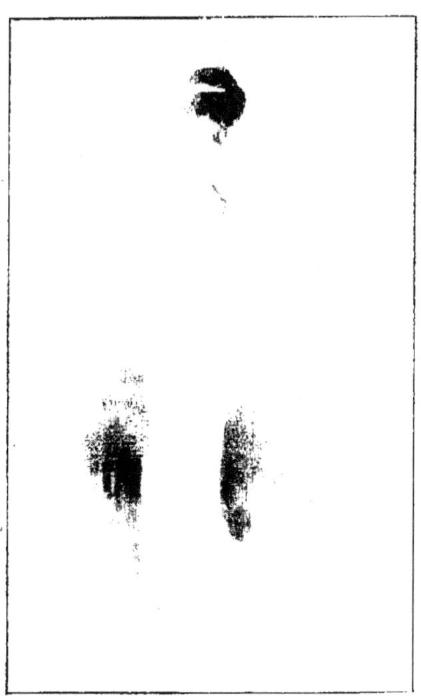

CHARLOTTE — ÇA ME NAVRE TOUJOURS DE
T'ENTENDRE PARLER AINSI.

ils s'amusent ! Ça leur est bien égal ce que
nous disons !... Julien ! Julien !... ayons
une minute de franchise, de profonde
franchise ! Une union comme la nôtre ne
peut pas durer dans le mensonge. Nous
nous sommes donnés trop librement, sans
arrière-pensée, sans hypocrisie, et ce serait insensé, vois-tu, maintenant, de nous
duper et de nous tricher... Je suis prête
à tout ! je préfère tout à la situation équivoque où nous sommes, où je devine que
nous sommes avec cette femme entre
nous !...

JULIEN. — Que veux-tu que je réponde
à des enfantillages pareils? Je suis dé-
sarmé! Tu me reproches des coups d'œil,
des sourires, des pressentiments! Il n'y a
pas de défense possible! nous sommes
dans le vague. Pense ce que tu voudras...

CHARLOTTE. — Je t'en supplie! ne t'en
tire pas avec de l'adresse, avec des dé-
tours! Tu dois comprendre ce que je souf-
fre pour te parler comme je le fais!... Ré-
ponds-moi quelque chose de précis, de
net, quelque chose de digne de nous!

JULIEN. — Charlotte, j'ai pour toi une
tendresse, une affection infinies : tu le
sais, tu n'as pas le droit d'en douter ; je
t'en ai donné des preuves, tandis que tu
n'as aucune preuve contre moi, aucune de
sérieuse... Mais je suis obligé, entends-tu,
et je profite de cette occasion pour te le
dire une fois pour toutes, je suis absolument obligé, sous peine de renoncer à
toute ambition, de rester dans ce monde
des amis de Tourneur où nous avons été
conduits par hasard, qui ne me plaît pas
plus qu'à toi, mais qui représente une influence et des relations dont j'ai besoin.
Et si j'y reste, je suis obligé aussi de m'y
conduire avec intelligence, avec sou-
plesse, de m'y faire des amis, hommes et
femmes... mais oui : hommes et femmes...
Ce n'est pas parce que tu me verras causer avec l'une dans un coin, sourire à
l'autre, que tu pourras m'accuser de tra-
hison, de déloyauté, de mensonge! C'est
comme ça... c'est comme ça !

CHARLOTTE. — Ce que je vois de plus
clair, c'est que je vais te gêner horriblement, moi, dans toutes ces opérations!

JULIEN. — Non, parce que tu as du
bon sens. Parce que tu comprendras que
nous ne sommes plus, aujourd'hui, dans
la même situation que lorsque nous nous
sommes rencontrés. Mais tu viens de me
le dire toi-même... Je suis chargé de toutes les affaires de Tourneur, qui sont très
compliquées, et voilà encore cette histoire
de députation! Tout cela, il ne faut pas
nous le dissimuler, va retentir fatalement
sur notre manière de vivre... Tiens! je
vais te parler franchement; en effet, ça
vaudra mieux... Eh bien! oui, par la

force des choses, nous allons être amenés
à modifier un peu nos **habitudes** et, par
exemple... peut-être, ça dépendra... à ne
plus vivre aussi complètement ensemble
que par le passé... Laisse-moi continuer...
Est-ce que notre amour, qui est éprouvé
maintenant, qui est solide, qui est dura-
ble, est-ce que notre amour en sera touché? Est-ce que nous nous aimerons
moins, parce que nous n'habiterons
plus... je suppose... la même maison?...
Voyons, voyons, ne soyons pas des êtres
de préjugés et de routine. Raisonnons
avec la vie, avec la vie véritable et réelle
en face de nous!

CHARLOTTE. — Oh! comme tu te tor-
tures l'esprit pour empêcher de sortir ta
pensée, ta vraie pensée!... Tu veux être
libre, c'est évident, tu veux être libre. Tu
ne m'aimes plus, et tu n'oses pas me le
dire; et tu n'oseras jamais, parce que tu
as des scrupules. Alors, tu as trouvé cette
combinaison... Qu'est-ce que tu me pro-
poses? De m'entretenir, comme Joséphine
avec Tourneur. Et tu seras très généreux,
c'est certain ; tu me donneras beaucoup
d'argent!... Ah! mon pauvre ami! je ne
t'ai jamais demandé cela. Je ne t'ai jamais demandé que d'être ta maîtresse
tant que la vie ne nous séparerait pas!
Comme femme entretenue, vois-tu, je serais déplorable! je ne te ferais pas assez
d'honneur!... Tiens! je sens que nous en
sommes juste au point où notre liaison va
te devenir insupportable. Je t'ai souvent
promis que, ce jour là, je saurai m'en aller. Le moment est venu de tenir parole :
je m'en irai!

JULIEN. — Voilà l'éternel malentendu!
voilà l'éternel « Tout ou rien » que la
femme finit toujours par vous jeter à la
figure!... Parce que je te demande une
concession, parce que je ne suis plus exactement aujourd'hui ce que j'étais hier,
tu dis que je ne t'aime plus! Te voilà
sûre que je veux une séparation, que je la
cherche!... Mais non, mais non, Charlotte, je ne veux pas me séparer de toi,
je te le jure! Je t'aime, je t'aime profondément : mais je t'aime comme je le peux,
comme la nature m'a organisé pour ai-

mer : je ne peux pas t'aimer autrement !...
Et je ne suis pas non plus maître absolu
de mes actions; personne ne l'est. Les circonstances nous imposent une situation
nouvelle : il faut la subir, toi comme moi !

CHARLOTTE. — Oh ! je comprends
maintenant !... Tiens !... tout ce que tu
viens de me dire, ça peut se résumer en
un mot : tu nous veux toutes les deux,
Simone et moi !

JULIEN. — Nous y revenons.

CHARLOTTE. — Mais il n'est question
que d'elle ! tu ne penses qu'à elle ! Ne dis
pas le contraire : elle t'a affolé ! affolé !...

JULIEN. — Je ne suis ni fou, ni affolé...
Simone m'est indifférente.

CHARLOTTE. — Oh !

JULIEN. — Oui... parfaitement... indifférente... Et puis, quand même, tu entends, quand même, un jour, je serais
pris pour une femme quelconque d'un désir violent, d'un coup de passion dont je
ne serais pas responsable, que je n'aurais
pas cherché, ça ne serait pas encore une
raison pour que je ne t'aime plus, pour
que je ne veuille plus te garder.

CHARLOTTE. — Et moi, alors ! et moi !

JULIEN. — Il n'est pas question de toi;
il est question de moi. Et je te dis que ce
ne serait pas encore une raison pour que,
moi, je veuille me séparer de toi, parce
que tu es pour moi quelque chose de plus
et de mieux que ma maîtresse, parce que
tu es quelque chose de différent, dont j'ai
besoin et dont je ne veux pas me passer.
C'est bien simple !

CHARLOTTE. — Mais c'est effrayant,
d'être égoïste comme ça ! Dis tout de suite
que, chaque fois que tu auras envie d'une
femme, je devrai me retirer discrètement
et revenir ensuite pour te sourire, pour
te consoler, pour t'aimer d'une autre façon ! C'est monstrueux l'égoïsme à ce
degré-là !... Alors, moi, je n'ai donc pas
de nerfs, je n'ai donc pas de sang, pas de
jalousie ?... Je ne suis donc pas une femme
comme les autres ?... Mais je la déteste, tu
entends, ta Simone ! je la déteste ! Je ne
veux plus la voir ! D'ailleurs je ne pour-

rais plus ! Il y a des moments où, en la
regardant, je me sens redevenir une fille
du peuple, j'ai envie de la prendre par le
bras et de la traîner à la porte !... Hein !
qu'est-ce que tu dirais, si je faisais ça ?...
Enfin, tu vois où nous allons et que cette
situation ne peut plus se prolonger...
N'est-ce pas ? Tu le comprends ?... Va,
Julien, notre liaison est finie ! elle est bien
finie ! Si j'étais assez faible, assez lâche
pour rester après ce que nous venons de
nous dire, notre existence serait vite abo-
minable, pleine d'amertumes et de colères. Je deviendrais pour toi l'ennemie; tu
en arriverais à me haïr, et nous perdrions
peut-être jusqu'au souvenir des belles heures ! Non, Julien ! Séparons-nous simplement, tout de suite, ici... Quand on s'est
aimé, on devrait toujours s'arranger de
manière à se séparer dans une fête, au
milieu de la lumière et du bruit. On évite-
rait peut-être ainsi, non la douleur, mais
ce qu'il y a de pas beau dans la douleur !

JULIEN. — Eh bien ! moi, je ne te laisserai pas partir... Mais quel besoin ont
donc les femmes de compliquer les choses
les plus simples !... Je ne te laisserai pas
partir, tu entends ?

CHARLOTTE. — Tu ne me retiendras
pas de force, n'est-ce pas ? Si je ne pars
pas ce soir, je partirai demain.

JULIEN. — Tu partiras demain si tu
veux, je ne peux pas m'y opposer. Mais
tu le feras de sang-froid, après avoir réfléchi. Je ne te laisserai pas partir dans
la colère. Je ne te laisserai pas gâcher ta
vie et la mienne dans une minute d'éner-
vement !... Voici les invités de Tourneur;
allons, viens ! dépêchons-nous !

CHARLOTTE. — Je ne peux pas me
montrer avec cette figure... J'ai les bras
qui me tremblent...

JULIEN. — Mais viens donc ! (*Il l'entraîne.*) Nous avons dit des choses absurdes ! (*Pendant que le rideau tombe.*) Il
ne s'est rien passé ! Voilà ce qu'il faut
toujours se dire : il ne s'est rien passé !

JULIEN. — METTEZ LE TOUT SUR LE BUREAU.

ACTE QUATRIÈME

Chez Julien.

*Le cabinet de travail, dans un appartement autre que
celui du deuxième acte, beaucoup plus vaste, beaucoup
plus luxueux. Bureau et bibliothèque anglais. Mobilier très
moderne.*

SCÈNE PREMIÈRE

—

JULIEN, LE DOMESTIQUE

Au lever du rideau, Julien est étendu sur
le canapé.

LE DOMESTIQUE, *s'approchant avec un
plateau.* — Des lettres pour monsieur...
les journaux du soir.

JULIEN. — Mettez le tout sur le bureau.

LE DOMESTIQUE *présentant deux cartes.*
— Deux électeurs de monsieur deman-
dent à quelle heure monsieur le député
pourra les recevoir.

JULIEN. — Déjà!

LE DOMESTIQUE. — Que dois-je répondre?

JULIEN. — Faites entrer dans mon bureau, j'irai un instant tout à l'heure. Ah!
s'il venait, par hasard, une dame, vous
l'introduiriez directement ici.

LE DOMESTIQUE. — Bien, monsieur.

Il sort.

JULIEN, *seul.* — Oui, mais elle ne
viendra pas... Elle ne viendra pas plus
cette fois-ci que les autres, pas plus qu'elle
n'est venue me retrouver à Nevers, pendant la campagne électorale... (*Il va à la
fenêtre.*) Une voiture qui ressemble à la
sienne... (*Il ouvre vivement la fenêtre.*)
Mais ce n'est pas la sienne... Une dame
en descend... mais ce n'est pas elle... et
d'ailleurs elle ne vient pas ici, elle va en
face... C'est charmant! Quatre heures et
demie!... Une heure de retard!... Je crois

que je peux me risquer à allumer une cigarette... (*Ce qu'il fait.*) Bigre! me voilà fâcheusement désorienté! Si je ne prends pas une résolution énergique, c'est la neurasthénie! Que diable allais-je faire dans cette... Simone, qui est visiblement une femme pour vieux diplomates?... (*Il s'assied à son bureau.*) Et à mon âge, encore! Quelle gaffe!... Amoureux et député de la Nièvre! Il faut choisir : il n'y a pas moyen d'être les deux à la fois... J'ai stupidement désorganisé ma vie... J'ai laissé partir la maîtresse idéale!... (*Après avoir décacheté machinalement quelques lettres, il ouvre son journal.*) Que dit *La Boussole?*... « On annonce le prochain mariage de M. Julien Bréard, le jeune et brillant avocat, depuis hier député, avec Mme B... » (*Cherchant.*) Mme B... (*Il continue sa lecture à voix basse.*) « Mme B...? qui... (*Haut.*) Mais c'est... Comment! le bruit court que je vais épouser Simone?... Non! ça, chère madame, c'est trop! Beaucoup trop! Je commence à voir dans votre jeu!... C'est à cela que vous vouliez m'amener, tout doucement... C'est très drôle!... Mais ces manières étaient bonnes du temps de Louis-Philippe! Nous en recauserons!... (*Ouvrant un autre journal et le parcourant.*) Ah! ah! dans celui-ci je ne suis plus le jeune et brillant avocat... (*Lisant.*) « Un des fruits secs du barreau parisien... » Parfaitement! c'est ma carrière politique qui commence... (*Prêtant l'oreille.*) On a sonné... (*Il se lève.*) C'est peut-être elle!... (*Il va à la porte.*) Oui?... Non!...

Entre le domestique.

SCÈNE II

JULIEN, LE DOMESTIQUE, puis ROSALIE

LE DOMESTIQUE. — Ce n'est pas la dame, monsieur; c'est la femme de chambre de la dame.

JULIEN. — Faites entrer. (*Le domes-*tique *introduit Rosalie et sort.*) Bonjour, Rosalie.

ROSALIE. — Bonjour, monsieur Julien... Une lettre de madame.

JULIEN. — Donnez! (*Il décachète et lit en faisant des gestes de colère.*) « Ne m'attendez pas aujourd'hui, mon ami. Encore cette maudite migraine! Venez donc me voir un de ces jours; j'ai à vous parler. » (*A lui-même.*) Ah! la mâtine! (*Il remue une chaise violemment.*)

ROSALIE. — Y a-t-il une réponse, monsieur?

JULIEN. — Oui, Rosalie. (*Il va à son bureau.*) Rosalie?

ROSALIE. — Monsieur?

JULIEN. — Je désirerais avoir votre opinion personnelle sur un point très délicat.

ROSALIE. — Lequel, monsieur!

JULIEN. — Vous connaissez bien votre maîtresse?

ROSALIE. — Très bien.

JULIEN. — Qu'est-ce qu'elle veut faire de moi?

ROSALIE. — Oh! c'est très délicat, en effet, monsieur. Je suis femme de chambre!

JULIEN. — Mais vous êtes femme.

ROSALIE. — C'est vrai.

JULIEN. — Alors, dites?... elle ne viendra jamais!

ROSALIE. — Ce n'est pas le mot.

JULIEN. — Ah!

ROSALIE. — Mais elle viendra difficilement. Madame a les idées les plus sérieuses, aujourd'hui.

JULIEN. — Quelles idées?

ROSALIE. — Dame... je vous le répète! des idées extrêmement sérieuses.

JULIEN. — Eh bien! elle est folle!

ROSALIE. — Vous êtes pourtant joli garçon!

JULIEN. — Elle est encore plus joli garçon que moi... Je vais vous donner la réponse.

ROSALIE. — Bien, Monsieur.

Elle s'assied.

JULIEN *va à son bureau et écrit.* — « Chère madame et amie, il me sera impossible de passer chez vous prendre de

JULIEN. — MAIS, CE
N'EST PAS LA SIENNE.

vos nouvelles avant quelque temps. Je pars pour un voyage électoral. J'espère qu'à mon retour j'aurai le plaisir de vous retrouver en bonne santé. Pour les migraines, on m'a beaucoup recommandé la Névralgine, que vous trouverez dans toutes les pharmacies. » (*Parlé, à part.*) Je sais bien que ça n'est pas très drôle ; mais ça me calme... (*Haut.*) Tenez, Rosalie.

ROSALIE. — Au revoir monsieur.

JULIEN. — Au revoir, Rosalie, et merci.

Paraît le domestique.

LE DOMESTIQUE. — M. Tourneur et madame... Et puis, toujours, les électeurs de monsieur.

JULIEN. — Bon... bon... j'y vais.

Entrent Tourneur et Joséphine. — Rosalie sort, accompagnée par le domestique.

SCÈNE III

JULIEN, TOURNEUR, JOSÉPHINE

TOURNEUR. — Bonjour, vieux.

Poignées de mains.

JULIEN. — Bonjour, Joséphine. Votre santé est bonne?

JOSÉPHINE, *sèchement.* — Excellente.

JULIEN. — Dites donc, vous ne savez pas ce que vous feriez, si vous étiez bien gentils? Vous m'attendriez un instant, pendant que j'expédierais deux de mes électeurs.

TOURNEUR. — Va. Ne t'occupe pas de nous.

JULIEN. — Tu as le temps?

TOURNEUR. — Rien à faire.

JULIEN. — Et vous, Joséphine, vous m'excusez?

JOSÉPHINE. — Comment donc !

Sort Julien par la gauche.

SCÈNE IV

TOURNEUR, JOSÉPHINE

JOSÉPHINE. — Je comprends qu'il ne soit pas pressé de me regarder en face.

TOURNEUR. — Qu'est-ce que tu vas lui dire?

JOSÉPHINE. — Tu verras.

TOURNEUR. — Mais...

JOSÉPHINE. — Si tu ne veux pas l'entendre, tu n'as qu'à t'en aller.

TOURNEUR. — Joséphine, ton caractère est en train de changer du tout au tout. Voilà quelques jours déjà que je fais cette observation.

JOSÉPHINE. — Tu m'embêtes !

TOURNEUR. — Et toi, tu me fais énormément de chagrin.

JOSÉPHINE. — Oh ! là ! là !...

TOURNEUR. — Tu deviens boudeuse, agressive, et tu es continuellement de mauvaise humeur... Est-ce que tu me trompes?

JOSÉPHINE. — Vous tromper !... Ah ! mon cher ! les hommes me dégoûtent trop pour ça !

TOURNEUR. — Bien ! très bien !

JOSÉPHINE. — Même vous !

TOURNEUR. — Tu vas trop loin !

JOSÉPHINE. — Mais celui qui me répugne le plus, c'est certainement votre ami

Bréard, monsieur le député, chez qui nous sommes en ce moment.

TOURNEUR. — Tu n'es pas juste.

JOSÉPHINE. — Epouser Simone; c'est le comble des combles!... Quand j'ai lu ça dans le journal, mon sang n'a fait qu'un tour!

TOURNEUR. — C'est une blague; c'est certainement une blague. Julien me l'aurait dit.

JOSÉPHINE. — Nous allons le savoir... En tout cas, quitter une femme comme Charlotte pour courir après une pareille créature, non, il faut être un peu trop bête!

TOURNEUR. — Tu ne connais pas le cœur humain.

JOSÉPHINE. — Il est propre!

TOURNEUR. — Et puis, Simone n'est pas ce que tu crois. C'est une femme charmante.

JOSÉPHINE. — Laisse-moi rire!

TOURNEUR. — Ce que je dis n'est pas pour diminuer les qualités de Charlotte, d'ailleurs.

JOSÉPHINE. — Il ne manquerait plus que ça!

TOURNEUR. — Moi aussi, cette rupture m'a fait beaucoup de peine! Je suis sûr que Julien s'est bien conduit avec elle.

JOSÉPHINE. — Vous voulez dire qu'il lui a donné de l'argent? C'est ça que vous appelez se bien conduire?

TOURNEUR. — C'est l'expression usitée.

JOSÉPHINE. — Eh bien! mon cher, vous vous trompez.

TOURNEUR. — Oh!

JOSÉPHINE. — Julien lui a offert de l'argent, c'est vrai; mais elle a refusé.

TOURNEUR. — Ah bah!

JOSÉPHINE. — Cela vous étonne de rencontrer de la dignité chez une femme, vous qui jusqu'à présent n'avez eu affaire qu'à des drôlesses; mais c'est comme ça!

TOURNEUR. — Es-tu sûre?

JOSÉPHINE. — Oui, monsieur!

TOURNEUR. — Cette pauvre Charlotte, tout de même!... J'espère que tu lui as fait comprendre que si elle avait besoin de n'importe quoi?...

JOSÉPHINE. — Elle n'a besoin de rien...

ou, du moins, elle me l'a dit. Quoi qu'il en soit, elle n'a rien voulu accepter.

TOURNEUR. — Est-ce ennuyeux, cette histoire! On allait si bien, tous les quatre!...

JOSÉPHINE, *lui caressant le menton*. — Tu es un bon gros, au fond.

TOURNEUR *soupirant*. — Enfin! la vie est la vie!... (*La porte de gauche s'ouvre.*) Ne sois pas trop méchante avec Julien.

SCÈNE V

LES MÊMES, JULIEN

JULIEN. — Je suis à vous.

JOSÉPHINE, *aigre-douce*. — Nous venons nous réjouir avec vous de la grande nouvelle.

JULIEN. — Quelle nouvelle?

JOSÉPHINE. — Nous avons lu *La Boussole*.

JULIEN. — Moi aussi.

JOSÉPHINE. — On y annonce votre mariage.

JULIEN. — Avec une madame B...

JOSÉPHINE. — Mme Baudrin... Mes compliments, mon cher.

JULIEN. — Trop aimable!

JOSÉPHINE, *indignée*. — C'est donc vrai?

JULIEN. — Non.

TOURNEUR. — Je le savais bien!

JOSÉPHINE. — Vous n'épousez pas Simone?

JULIEN. — Il est impossible de moins épouser une femme que je n'épouse Mme Baudrin.

TOURNEUR. — Tu vois!

JULIEN — Vous me supposiez donc bien idiot, petite Joséphine?

JOSÉPHINE. — Je vous demande pardon... Alors non?... Bien sûr?

JULIEN. — Bien sûr!

JOSÉPHINE, *à Tourneur*. — Tu permets que je l'embrasse.

TOURNEUR. — J'allais te l'ordonner.

JOSÉPHINE, *sautant au cou de Julien*.

— Vous aussi, vous avez du bon ! Mais je vous en veux tout de même beaucoup !

JULIEN. — Vraiment ?

JOSÉPHINE. — Et, pendant que j'y suis, je vais vous dire tout ce que j'ai sur le cœur.

JULIEN. — Allez !

JOSÉPHINE. — Vous vous êtes conduit avec Charlotte d'une façon ignoble !

TOURNEUR, *avec reproche.* — Joséphine !

JULIEN. — Ignoble est exagéré, je vous assure.

JOSÉPHINE. — A peine.

JULIEN. — Vous ne savez pas ce qui s'est passé entre Charlotte et moi.

JOSÉPHINE. — Je le sais !

JULIEN. — Elle est partie de son plein gré.

JOSÉPHINE, *ironiquement.* — Malgré tous les efforts que vous avez faits pour la retenir.

JULIEN. — Parfaitement.

JOSÉPHINE. — Vous avez un aplomb !

JULIEN. — Je lui ai écrit plusieurs fois.

JOSÉPHINE. — Je sais encore cela.

JULIEN. — Et elle m'a à peine répondu.

JOSÉPHINE. — Elle n'avait probablement rien à vous dire.

JULIEN, *un temps.* — Vous l'avez vue ces temps derniers ?

JOSÉPHINE. — Souvent.

JULIEN. — Elle vit avec Geneviève et sa mère ?

JOSÉPHINE. — Oui.

JULIEN. — Elle n'a pas d'ennuis ?

JOSÉPHINE. — Je ne crois pas.

JULIEN. — Elle n'a pas eu de chagrin ?

JOSÉPHINE. — Je l'ignore.

JULIEN, *après un silence.* — Joséphine, vous allez me faire un plaisir.

JOSÉPHINE. — Ça dépend... De quoi s'agit-il ?

JULIEN. — Il s'agit d'aller la trouver... de lui parler... de lui faire comprendre.

JOSÉPHINE. — Vraiment !... Et vous croyez que Charlotte est une femme à qui on peut dire : « J'ai fini avec l'autre, je ne serais pas fâché de recommencer avec toi ! »

JULIEN. — Ce n'est pas cela que je lui dirai.

TOURNEUR. — Evidemment.

JOSÉPHINE. — Vous ne la connaissez pas, mon cher, avec toute votre intelligence. Vous avez vécu avec elle sans comprendre son caractère, et, avant que vous rencontriez une femme comme ça, vous avez le temps d'en essayer pas mal.

JULIEN. — Voyons ! soyez gentille, ma petite Joséphine !... Allez chercher Charlotte et invitez-la à dîner.

TOURNEUR. — Très bien !

JULIEN. — Et invitez-moi le même soir.

JOSÉPHINE. — Ce que les hommes sont fats, c'est inouï !... Mais d'abord, mon cher, je ne peux pas inviter Charlotte, pour une raison très simple : c'est qu'elle a quitté Paris.

JULIEN. — Elle n'habite plus Paris !...

JOSÉPHINE. — Depuis quinze jours. Geneviève a été nommée institutrice de première classe en province ; elle est allée s'y installer avec sa mère, et Charlotte les a suivies.

JULIEN, *avec douleur.* — Ch !... Elle est partie ! sans me prévenir ! sans venir me voir !... Ecoutez, Joséphine, je suis navré !

JOSÉPHINE. — Dame !

JULIEN, *tombant sur un fauteuil*. — Ah! si j'avais su!... Partie, Charlotte!... Est-ce possible?...

JOSÉPHINE, *s'approchant*. — Bêta! ce n'est pas vrai! Je voulais voir si vous l'aimiez encore.

JULIEN, *se levant*. — Vous m'avez fait une peur.

JOSÉPHINE. — Vous n'aimez donc plus Simone?

JULIEN. — Je ne l'ai jamais aimée.

TOURNEUR, *à Joséphine*. — Tu vois que tu ne le connais pas, le cœur humain.

JULIEN, *à Joséphine*. — Alors, dites... je vous en prie!...

JOSÉPHINE. — Je tâcherai d'arranger ça.

JULIEN. — Il le faut! vous l'entendez, petite Joséphine, il le faut!... Trouvez une combinaison, n'importe laquelle, ça m'est égal; mais je veux revoir Charlotte!... Joséphine, je vous en supplie!... Soyez adroite!... soyez...

JOSÉPHINE, *réfléchissant*. — J'ai une idée...

JULIEN. — Laquelle?

JOSÉPHINE. — Vous verrez... A tout à l'heure.

TOURNEUR. — Est-ce que je t'accompagne?

JOSÉPHINE. — Je n'ai pas besoin de toi... Reste ici, je te retrouverai.

Elle sort.

SCÈNE VI

JULIEN, TOURNEUR

TOURNEUR. — Tu as raison. Je ne me serais pas permis de te donner un conseil dans une circonstance aussi délicate: mais Simone... peuh!

JULIEN. — Je n'y ai pas songé une seconde.

TOURNEUR. — Certes, ce doit être une maîtresse charmante!

JULIEN. — On le dit.

TOURNEUR. — Comment!.. Non?

JULIEN. — Non.

TOURNEUR. — Ça, je le regrette pour toi!

JULIEN. — Moi, je ne le regrette plus. J'ai subi la forte crise: mais j'en suis sorti tout à mon avantage.

TOURNEUR. — Tant mieux!

JULIEN. — Quel effet ça te fait-il, quand tu t'aperçois qu'une femme se moque de toi?

TOURNEUR. — Je n'ai jamais réfléchi beaucoup à ça, je t'avoue... Et toi?

JULIEN. — Moi, quand je m'aperçois de ce détail, quand je reconnais à des signes infaillibles que je vais devenir le simple polichinelle entre les mains de la coquette, cette découverte me refroidit instantanément. Je me représente aussitôt l'état d'abrutissement auquel nous réduit la femme aimée, lorsqu'elle veut s'en donner la peine; je me remémore des exemples historiques, et de toutes ces réflexions il me vient une grande énergie. Je m'éloigne alors en faisant la révérence le plus poliment du monde, et quelques jours après il n'y paraît plus.

TOURNEUR. — Tu n'es pas un passionné, au fond.

JULIEN. — Je suis un intermittent... Mais j'ai passé de sales journées!

TOURNEUR. — Les femmes ne te rendront jamais très malheureux... moi non plus, du reste.

JULIEN. — J'ai eu ma part.

TOURNEUR. — Et puis, nous n'avons plus l'âge d'aimer à tort et à travers.

JULIEN. — C'est ce que je me disais tout à l'heure. Nous avons l'âge d'être aimés.

TOURNEUR. — Et de mener une vie agréable.

JULIEN. — Pour commencer, je suis un peu insulté par les gazettes.

TOURNEUR. — Rappelle-toi ce que tu m'as dit à propos de Vermoulin.

JULIEN. — Sois tranquille.

TOURNEUR. — Ce n'est pas çà qui t'empêchera d'être ministre, mon vieux!

JULIEN, *riant*. — Au contraire!

TOURNEUR. — Cette brave Charlotte! Tu ne t'imagines pas quel plaisir ça me ferait de vous voir réconciliés!

JULIEN. — C'est bizarre! Dans le genre de tendresse, dans le genre d'amour que j'ai pour elle, il entre un peu de superstition. Car je crois qu'il y a, dans la vie comme au jeu, certains gestes, certains mouvements, enfin des choses indéfinissables qui interrompent la veine tout d'un coup. Eh bien! je suis sûr que, si Charlotte ne voulait plus, ce serait désastreux pour moi!

TOURNEUR. — Oui; mais elle voudra.

JULIEN. — Est-ce qu'on sait jamais, avec les femmes!

TOURNEUR. — Evidemment. Mais je compte sur Joséphine... Quelle bonne fille, cette petite!

JULIEN. — Elle est délicieuse.

TOURNEUR. — Je l'adore!

JULIEN. — Ça se voit.

TOURNEUR. — Plaisanterie à part. Je fais le malin; mais, si elle me quittait maintenant, j'en pleurerais!... C'est comme toi si Charlotte ne voulait plus. Avoue que tu en es là aussi?

JULIEN. — Je l'avoue bêtement.

TOURNEUR — Tout cela est à la fois très triste et très gai.

JULIEN. — Joséphine doit te retrouver ici?

TOURNEUR. — Tu as entendu : elle m'a dit de rester.

JULIEN. — Elle est allée chez Charlotte, probablement.

TOURNEUR, *regardant sa montre*. — Probablement.

JULIEN. — Combien y a-t-il de temps qu'elle est sortie?

TOURNEUR *regardant également sa montre*. — Elle ne peut pas tarder.

JULIEN *allant à la porte*. — Ah! la voici!... Que lui aura dit Charlotte?

La porte s'ouvre. Entre Charlotte.

SCÈNE VII

LES MÊMES, CHARLOTTE

JULIEN, *étonné*. — Mais c'est Charlotte elle-même! Quelle chance!

CHARLOTTE, *lui serrant la main*. —

Bonjour, Julien... Ah! Tourneur! je ne vous voyais pas.

TOURNEUR. — Comment ça va-t-il, Charlotte?

CHARLOTTE. — Bien. Et vous? (*A Julien.*) Joséphine vient de me dire que tu avais absolument besoin de me voir; que tu avais un grand service à me demander... Je ne vois pas quel service je peux te rendre; elle a dû se tromper; mais enfin, je suis venue tout de suite.

JULIEN. — Non, non, elle ne s'est pas trompée.

TOURNEUR. — Je vous laisse, moi.

JULIEN. — On te reverra tout à l'heure?

TOURNEUR. — Je vais repasser. A tantôt.

———   Il sort.

SCÈNE VIII

JULIEN, CHARLOTTE

JULIEN. — Assieds-toi.

CHARLOTTE, *s'asseyant*. — Voyons un peu ce grand service?

JULIEN. — Il n'y en a pas. C'est un petit piège de Joséphine pour t'attirer ici, parce que j'ai à te parler.

CHARLOTTE. — Qu'est-ce que tu as à me dire?

JULIEN, *lui prenant les mains*. — Que je t'aime, Charlotte! que je t'aime toujours!... Cette séparation est absurde!

CHARLOTTE. — Tais-toi, Julien, je t'en prie!... Tiens! je regrette d'être venue, au risque de me rencontrer avec ta maîtresse d'à présent et d'avoir l'air de courir après toi.

JULIEN. — Ma maîtresse?... D'abord, je n'ai pas de maîtresse.

CHARLOTTE. — Oh! Julien...

JULIEN. — Tu crois que je suis l'amant de M\u1d50ᵉ Baudrin?.. Je parie que tu le crois?

CHARLOTTE. — Je ne te demande pas de détails.

JULIEN. — Veux-tu que je te raconte une histoire qui te fera plaisir?

CHARLOTTE. — Je sais que tu racontes très bien.

JULIEN. — Ce n'est pas pour ça qu'elle te fera plaisir.

CHARLOTTE. — Eh bien ! quelle est cette histoire ?

JULIEN, *gravement*. — Je ne suis pas l'amant de Mᵐᵉ Baudrin.

CHARLOTTE. — Si c'est ça l'histoire, tu peux...

JULIEN, *scandant les mots*. — Je ne suis pas l'amant de Mᵐᵉ Baudrin... Elle n'a pas voulu ; elle s'est fichue de moi.

JULIEN. — QUE JE T'AIME, CHARLOTTE !

CHARLOTTE. — C'est bien extraordinaire !

JULIEN. — Lis cette lettre qu'elle vient de m'écrire à l'instant même.

CHARLOTTE, *jetant un coup d'œil*. — C'est drôle !...

JULIEN. — Je te l'avais bien dit, que tu rirais !

CHARLOTTE. — Comment ça s'est-il fait ?

JULIEN. — Elle m'a donné des rendez-vous à diverses reprises...

CHARLOTTE. — Et elle n'est jamais venue ?

JULIEN. — Ou bien, quand elle est venue, ç'a été exactement comme si elle ne venait pas.

CHARLOTTE, *avec indignation*. — Elle t'a fait poser ?...

JULIEN. — Oui.

CHARLOTTE. — Toi !

JULIEN. — Oui, moi...

CHARLOTTE. — Quelle grue !

JULIEN. — Voilà !

CHARLOTTE. — Ces femmes-là sont bien fortes, pourtant !

JULIEN. — Elles se l'imaginent.

CHARLOTTE. — Le jour où elle voudra...

JULIEN. — Je l'en défie !

CHARLOTTE. — Au fond, c'est excellent pour toi. Ce n'était pas la maîtresse qu'il te fallait.

JULIEN. — Non... non...

CHARLOTTE. — Vous ne vous seriez pas entendus.

JULIEN. — Pas du tout... La maîtresse qu'il me faut, c'est une femme dans ton genre... oui, parfaitement. Et la meilleure femme dans ton genre que je puisse trouver, c'est encore toi...

Il veut l'embrasser.

CHARLOTTE, *sérieuse*. — Eloigne-toi, Julien.

Elle se lève.

JULIEN. — Reste, dis...

CHARLOTTE. — Non.

JULIEN. — Je t'en supplie !...

CHARLOTTE. — Crois-tu que si je refuse, c'est pour faire la coquette avec toi ? et profiter de ton désir d'un instant pour t'imposer des conditions ?... Non, va... Et la preuve, c'est que, si tu le veux, si tu t'approches, je vais t'appartenir encore, je le sais bien !... Mais après, mon pauvre ami, réfléchis... Nous serions dans la même situation qu'il y a six mois, avec les mêmes sujets de discussions, de colères, d'inquiétudes...

JULIEN. — Mais non ! mais non !

CHARLOTTE. — Nous aurions des liaisons de huit jours, d'un jour, d'une heure, et des séparations de plus en plus pénibles, de plus en plus vilaines ! Et moi qui ne cesserais pas de t'aimer, je resouffrirais en détail tout ce que j'ai souffert d'un coup !... Mais je deviendrais enragée !

JULIEN. — Je te jure... je te jure...

CHARLOTTE. — Tu n'as peut-être pas été l'amant de Mme Baudrin, mais tu as été le mien, nous nous sommes appartenu entièrement, et, si nous avons pu nous quitter, c'est que notre liaison n'avait plus de force.

JULIEN. — Tu dis que j'ai été ton amant... Mais je te regarde, et je m'aperçois que j'ai été l'amant d'une Charlotte qui n'est pas celle que j'ai devant moi... Oui, tu es une femme nouvelle, changée à mon insu, transformée. Tu n'as plus la même voix, les mêmes gestes qu'autrefois, les mêmes pensées peut-être, et je n'ai jamais été l'amant de la femme que tu es aujourd'hui.

CHARLOTTE. — Ce sont des mots, cela, Julien, et nous serions punis cruellement si nous nous laissions duper par eux... Tu es encore plus changé que moi. Quand je t'ai connu, tu n'étais rien; te voilà un homme arrivé et riche. Qui sait ce que tu seras demain?... Ta vraie destinée, à présent, c'est d'épouser une jeune fille, de te créer une famille, et non d'avoir des maîtresses jalouses et encombrantes qui s'accrocheront à toi toute la vie.

JULIEN. — C'est facile à dire : épouser une jeune fille... Mais je n'en connais pas, de jeunes filles! Et toi?

CHARLOTTE. — Tu finiras par en rencontrer une.

JULIEN. — Je finirai aussi par avoir cinquante ans.

CHARLOTTE. — Tu as le temps; un homme de ton âge est encore jeune.

JULIEN. — Pas si jeune qu'une jeune fille... Et puis, les jeunes filles, sous prétexte qu'on les a épousées, deviennent tout de suite des jeunes femmes, héroïnes de romans sur l'adultère. Et alors, nous sommes dans l'inconnu, dans les ténèbres du mariage, avec des précipices de tous les côtés. Un homme qui touche à la quarantaine n'a plus le droit de s'exposer à ces émotions, qui sont le privilège des tout jeunes gens... Non, Charlotte, nous n'avons qu'une chose à faire, à moins d'être des pauvres niais qui se refusent au bonheur : c'est de recommencer à nous aimer.

(*Il la prend dans ses bras.*) Comment veux-tu que je laisse échapper une maîtresse, une amie comme toi? Car enfin, je suis tout seul; je n'ai ni amis véritables, ni famille; je n'ai que des camarades. Tu n'as pas l'air de t'en douter... Sans compter qu'en ma qualité d'homme politique, je ne vais pas tarder à être traîné dans la boue... Je te parle comme un affreux égoïste, mais c'est la preuve que je suis sincère.

CHARLOTTE. — Ah! je suis folle de t'écouter!

JULIEN. — Une plus longue séparation serait un désastre pour tous les deux.

CHARLOTTE. — ÉLOIGNE-TOI, JULIEN.

Nous l'avons échappé belle... Je t'adore, Charlotte! je t'adore!... Tiens! je me rappelle en ce moment la manière dont nous nous sommes connus, les visites que je venais te faire au magasin et notre voyage au Havre. Dans le désir ardent que tu m'inspirais, il y avait de la curiosité. Je devinais que tu n'étais pas la première venue et que la vie t'avait appris beaucoup de choses... Je t'assure, tu es une femme très, très bien.

CHARLOTTE. — Je suis, hélas! une femme qui t'aime, et que tu vas faire souffrir encore à la première occasion.

JULIEN. — Non! je te le promets! (*Il lui prend les deux mains. Après un temps:*) Si on se mariait?

CHARLOTTE. — Ne dis pas de pareilles choses en plaisantant!

JULIEN. — Je ne plaisante pas. On se mariera un jour, bientôt même... Ils diront ce qu'ils voudront; notre mariage en vaudra bien d'autres! Il ne sera peut-être pas très solennel; mais au moins il ne sera pas vilain.

CHARLOTTE. — Tu ne te moques pas de moi?

JULIEN. — Ni de moi non plus... Parfaitement, on se mariera! Nous ne nous en doutions guère, il y a une heure. Mais le hasard, le divin hasard, nous poussait en secret l'un vers l'autre. Il réalisait juste la chose que nous pouvions le moins prévoir, et c'est ce qu'il y a de charmant dans l'existence!

CHARLOTTE. — Si je fais un rêve, il est merveilleux!

JULIEN. — Tu ne rêves pas... Veux-tu que je te pince?

CHARLOTTE. — Oui... Tu sais que je ne fais plus de fautes d'orthographe.

JULIEN. — Moi, j'en fais toujours... Devine où nous nous marierons?

CHARLOTTE. — Chez toi, dans ton village?

JULIEN. — Oui. Il y a là un vieux maire et un vieux curé à qui je réserve cette petite surprise.

CHARLOTTE. — Qu'est-ce qu'il nous dira, le curé?

JULIEN. — Il nous dira de continuer.

CHARLOTTE. — Ce sera idéal!

JULIEN. — On n'emmènera pas d'autres Parisiens que Tourneur et Joséphine. Les autres témoins, on les prendra dans le pays.

CHARLOTTE. — Et on n'invitera personne, personne!

JULIEN. — Nous partirons, pour nous rendre à la mairie, dans la vieille carriole de famille. Marchera-t-elle encore? Je me le demande.

CHARLOTTE. — Elle marchera ce jour-là!

JULIEN. — Par exemple, il ne faut pas nous dissimuler que nous entrons aujourd'hui dans la zone des potins. Je frémis en pensant à ce que Poussier va faire avec cette histoire-là!

CHARLOTTE. — Et comme ça nous sera égal!

JULIEN. — Ça nous sera délicieusement égal! Quant aux innombrables insultes que je recevrai bientôt...

CHARLOTTE. — On en rira le soir ensemble.

JULIEN. — Jurons de n'attacher désormais aucune importance à l'opinion d'autrui!

CHARLOTTE. — Je le jure!

Entrent Tourneur et Joséphine.

SCÈNE IX

LES MÊMES, TOURNEUR, JOSÉPHINE

JOSÉPHINE, *les voyant dans les bras l'un de l'autre.* — Oh! j'en étais sûre!

TOURNEUR. — Mes enfants, je ne vous ferai pas de discours : mais je suis content, je suis très content!

BRIGNOL ET SA FILLE

COMÉDIE EN TROIS ACTES

Représentée pour la première fois sur le théâtre du Vaudeville,
le 23 novembre 1894,
et reprise au théâtre de l'Odéon, le 22 octobre 1901.

PERSONNAGES

	Au Vaudeville :	*A l'Odéon :*
	MM.	MM.
LE COMMANDANT BRUNET....	Dieudonné.	Coste.
BRIGNOL, 50 ans...............	Lérand.	Bouthors et A. Lambert.
VALPIERRE, 50 ans............	Lagrange.	Siblot.
CARRIARD, 38 ans..............	Torin.	Janvier.
MAURICE VERNOT, 28 ans......	Mangin.	G. Séverin.
UN CONCIERGE................	Mondolot.	Taldy.
	Mmes	Mmes
MADAME BRIGNOL............	Samary.	E. Bonnet.
CECILE BRIGNOL.............	Lecomte.	Piérat.
MADAME VALPIERRE..........	De Gérandon.	Dehon.
UNE BONNE.................	Renn.	Maia.

A Paris, de nos jours.

ACTE PREMIER

*Un cabinet de travail, avec quelques meubles de salon,
assez élégant. A droite, une table, avec des dossiers; du
même côté de la table, un coffre-fort, et à côté du coffre-
fort, une bibliothèque. La porte d'entrée, au fond, et une
porte à droite et à gauche, donnant sur la chambre et le
salon.*

SCÈNE PREMIÈRE

BRIGNOL, LE CONCIERGE

Au lever du rideau, Brignol est assis sur un
fauteuil, devant son bureau. Entre le concierge.

LE CONCIERGE. — Je viens de voir le
propriétaire, monsieur. Il n'attendra pas
une minute de plus. Je dois ajouter qu'il
est très en colère contre vous.

BRIGNOL.   Tout cela s'arrangera.

LE CONCIERGE. — C'est la première fois
qu'un de ses locataires est en retard de
trois termes.

BRIGNOL. — Ce n'est pas bien grave.

LE CONCIERGE. — Enfin, monsieur, je
me permets de vous rappeler que dans
quelque jours...

BRIGNOL. — Quoi?

LE CONCIERGE. — Ce sera la saisie. Vous
avez déjà reçu le premier commande-
ment, la signification...

BRIGNOL. — Croyez-vous que je ne sache pas comment cela se passe? Je le sais
mieux que tous les propriétaires; je suis
avocat.

LE CONCIERGE. — Je m'en vais... (*Entre
Madame Brignol.*) Vous n'avez rien de
particulier à lui faire dire, au propriétaire?

BRIGNOL. — Dites-lui que je le paierai
demain.

LE CONCIERGE. — Demain, sans faute ? Il n'y a pas encore eu de saisie dans l'immeuble.

BRIGNOL. — IL N'Y EN AURA PAS.

BRIGNOL. — Il n'y en aura pas, rassurez-vous.

LE CONCIERGE. — Monsieur, je vous présente mes respects. Madame...

Il sort par la porte du fond.

SCÈNE II

BRIGNOL, MADAME BRIGNOL

MADAME BRIGNOL. — As-tu vu les gens que tu devais voir ?

BRIGNOL. — N'aie donc pas peur. J'ai deux ou trois affaires en train qui vont aboutir infailliblement.

MADAME BRIGNOL. — Rappelle-toi qu'à l'autre terme, tu comptais beaucoup aussi sur deux ou trois affaires, et qu'en définitive nous n'avons pas pu le payer.

BRIGNOL. — Ça n'a aucun rapport. Ne te tracasse pas... C'est comme si nous avions l'argent.

MADAME BRIGNOL, *après une pause.* — Ils viennent d'arriver.

BRIGNOL, *distrait.* — Qui donc ?

MADAME BRIGNOL. — Mais, mon frère et sa femme. Ils sont là, ils vont venir t'embrasser... Vous ne vous ferez de reproches, ni les uns, ni les autres; c'est convenu et ce sera absolument comme s'il ne s'était rien passé. Cette brouille qui dure depuis des années, nous est fort pénible, à ta fille et à moi.

BRIGNOL. — Est-ce ma faute ? C'est Valpierre qui s'est fâché avec nous, je ne me souviens même plus à propos de quoi.

MADAME BRIGNOL. — Oh !

BRIGNOL. — Oui, je sais maintenant : pour quelques misérables centaines de francs qu'il m'a prêtées et que je ne lui ai pas rendues exactement.

MADAME BRIGNOL. — Tu ne les lui a même pas rendues du tout.

BRIGNOL. — Entre parents, on ne se brouille pas pour ces bêtises-là. S'il m'avait emprunté de l'argent, et s'il ne me l'avait pas rendu, je ne me serais pas brouillé avec lui. Tout cela vient de sa femme qui ne nous aime pas, j'en suis convaincu.

MADAME BRIGNOL. — C'est qu'aussi tu t'es conduit avec eux d'une façon...

BRIGNOL. — D'ailleurs, je ne leur en veux pas du tout.

*Entrent M. et M*ᵐᵉ *Valpierre.*

SCÈNE III

LES MÊMES, MONSIEUR ET MADAME VALPIERRE

BRIGNOL. — Eh ! bonjour, mon cher Valpierre !... bonjour, ma chère amie !... vous êtes gentils d'être venus. Je suis bien content de vous revoir.

BRIGNOL. — VOUS N'AVEZ PAS VIEILLI...
AH ! VOUS MENEZ UNE BONNE EXISTENCE.

VALPIERRE, *embarrassé*. — Mon cher Brignol...

BRIGNOL. — Vous n'avez pas vieilli... Ah ! vous menez une bonne existence : La province, la tranquillité !... Rien de nouveau à Poitiers ?

VALPIERRE. — Pas grand'chose.

MADAME VALPIERRE.-- Pas grand'chose.

BRIGNOL, *s'approchant de Valpierre.* — Je reconnais que j'ai eu tort, là ! Es-tu satisfait ?... Et pour notre petit compte, nous le réglerons prochainement, je te le promets.

MADAME VALPIERRE. — Vous n'avez pas eu tort seulement, vous avez eu tous les torts.

BRIGNOL. — Je l'avoue, tous les torts.

MADAME VALPIERRE. -- Et nous n'en avons eu aucun, c'est essentiel à établir.

BRIGNOL. — Aucun, pas l'ombre. Et maintenant, n'en parlons plus et ne revenons pas sur le passé... Est-ce qu'on se brouille, en famille ? On peut cesser de se fréquenter, mais se brouiller définitivement, jamais ! Vous dînez avec nous, n'est-ce pas ?

MADAME BRIGNOL. — Oui, oui.

BRIGNOL, *à Madame Valpierre.* — Vous ne vous imaginez pas, mes chers amis, à quel point j'étais contrarié de ne plus vous voir et combien je regrettais ce malentendu.

Il lui serre la main.

MADAME VALPIERRE. — Il n'aurait pas eu lieu, si vous n'aviez pas quitté Poitiers dans de pareilles conditions.

BRIGNOL. — J'ai quitté Poitiers très naturellement. Il arrive tous les jours que des gens quittent la province pour s'installer à Paris.

VALPIERRE. — Tu n'as pas quitté Poitiers naturellement, permets-moi de te le rappeler. Tu l'as quitté, criblé de dettes, poursuivi par cinquante créanciers...

MADAME VALPIERRE. — ... Qui venaient à chaque instant nous relancer jusque chez nous.

BRIGNOL. — Il fallait me les envoyer à Paris : j'ai une adresse.

VALPIERRE. — Sans mes démarches et mes relations, toi, le beau-frère d'un ma-

gistrat, tu aurais été rayé du tableau de l'ordre des avocats... ce qui était le déshonneur.

MADAME BRIGNOL. — Voyons, mon ami...

VALPIERRE. — Tu as donné ta démission, il n'était que temps.

BRIGNOL, *se levant.* — Je n'ai jamais tenu à plaider. Le métier d'avocat est un métier fini.

VALPIERRE. — Sans compter les scènes continuelles que vos créanciers vous faisaient en pleine rue... Il est possible qu'à Paris ces choses-là n'aient pas d'importance, mais, à Poitiers, elles déshonorent — vous entendez ?

MADAME VALPIERRE. — Et elles sont tristes pour la famille.

BRIGNOL, *à Valpierre.* — Tu exagères (*A M*ᵐᵉ *Valpierre.*) Adolphe, ma chère amie, a toujours exagéré : voilà la source de toutes nos discussions.

VALPIERRE, *se levant.* -- Je n'exagère rien.

MADAME BRIGNOL. — Il est convenu qu'on oubliera...

VALPIERRE. — Je ne demande pas mieux, et c'est, en effet, mon intention. Je tenais) simplement à rappeler à ton mari que si nous avons été désunis si longtemps, c'est qu'il y avait des raisons. Je ne suis pas de ces gens nerveux et légers qui se fâchent pour une parole en l'air, et il a fallu que Brignol passât véritablement toutes les bornes pour que nous en arrivions à ces extrémités.

BRIGNOL. — Bien.

VALPIERRE. — Lorsque après quelques mois de mariage, tu aventurais résolument la dot de ta femme dans une opération ridicule, et que tu la perdais jusqu'au dernier sou, j'ai fait ce que j'ai pu pour vous tirer d'embarras.

BRIGNOL. — C'est exact.

VALPIERRE. — Remarque aussi que je ne m'étais pas opposé à cette union avec ma sœur, union parfaitement absurde, puisque tu étais sans fortune. Tu n'as donc rien à me reprocher.

MADAME VALPIERRE. — Si vous aviez suivi seulement les conseils que je vous

donnais pour l'éducation de votre fille?...
Vous avez eu le tort grave de ne pas diri-
ger Cécile du côté de l'enseignement; je le
disais tout à l'heure à votre femme. C'est
une grande ressource pour les jeunes filles
qui n'ont pas de fortune. Au contraire,
vous l'avez laissée s'élever à l'aventure.
Aujourd'hui Cécile a près de vingt ans et
elle ne pourrait même pas être institutrice.

SCÈNE IV

Les Mêmes, CECILE

CÉCILE, *entrant du fond, riant.* —
Vous savez, ma tante, que j'ai entendu?

MADAME VALPIERRE. — Il n'y a pas de
quoi rire.

CÉCILE. — Mais, rassurez-vous, je sais
lire, écrire et compter... Et puis, nous serons riches un jour, père me l'a promis
plus de cent fois.

BRIGNOL. — Et je te le promets encore.

CÉCILE. — J'y compte absolument.

CÉCILE. — J'OUVRE TRANQUILLEMENT LA PORTE
DE SON CABINET.

BRIGNOL. — Voilà comment il faut
prendre les choses.

VALPIERRE. — En attendant, vous
vivez au milieu de créanciers qui sont
continuellement pendus à votre sonnette.

Ça doit bien vous amuser, toutes les
deux.

CÉCILE. — Ce n'est pas ennuyeux, je
vous assure. Moi, je suis étonnante pour
les créanciers de papa... Quand j'entends
qu'ils lui font des scènes, j'ouvre tranquillement la porte de son cabinet, comme
pour lui demander quelque chose; ça inter-
rompt l'orage.

BRIGNOL, *riant.* — C'est infaillible!

VALPIERRE. — Je le crois... Maintenant, laisse-nous, mon enfant. (*A Brignol.*) Si tu le permets, nous allons causer
un peu plus sérieusement.

MADAME BRIGNOL. — Ne lui faites pas
trop de reproches, je vous en prie.

VALPIERRE. — Des reproches?... Mais
je ne lui en fais pas du tout!

MADAME VALPIERRE. — Nous avons
quelque chose à lui proposer, tout simplement.

CÉCILE, *à Mme Brignol.* — Ça va
être une petite scène de morale pour
papa.... Nous les gênerions.

Elle sort à gauche avec sa mère.

SCÈNE V

BRIGNOL, VALPIERRE, MADAME VALPIERRE

VALPIERRE. — Voyons, mon ami, que
comptes-tu faire?

BRIGNOL. — Ce soir?

VALPIERRE. — Non, en général. Que
comptes-tu faire pour sortir de la lamentable situation où vous êtes tous les trois?

BRIGNOL. — Quelle situation? De quelle
situation parles-tu?

VALPIERRE. — De la tienne.

BRIGNOL. — Mais, mon ami, ma situation n'est pas lamentable du tout. Elle est
excellente. Nous sommes un peu gênés, en
ce moment-ci, je veux bien l'admettre.
Mais qui est-ce qui ne l'est pas de temps à
autre?

VALPIERRE. — Vous devez à votre propriétaire, ma sœur me l'a dit. Vous allez être saisis, probablement un de ces jours ; je vous vois environnés de créanciers...

BRIGNOL. — Cela peut être ennuyeux, ce n'est pas très grave. Il y a à Paris cent ou cent cinquante mille individus qui sont dans le même cas. Il y en a en province aussi.

MADAME VALPIERRE. — Pardon.

BRIGNOL. — Personne n'a de dettes, en province ?

MADAME VALPIERRE. — Voilà la proposition que mon mari voulait vous faire... elle est très raisonnable.

BRIGNOL. — Etre employé, à mon âge ! J'aime à croire que tu badines ? Je ne puis plus, au contraire, que m'occuper d'affaires très importantes qui exigent de l'activité et où je pourrai utiliser mon expérience.

VALPIERRE. — A ton âge ?... Ne dirait-on pas ?... (Le regardant.) Ma parole, on

MADAME VALPIERRE. — Non. Quand on en a, on est obligé de venir habiter Paris.

VALPIERRE. — Ecoute-moi, Brignol... (Lui prenant la main.) Je suis prêt à vous aider. Je l'ai déjà fait et je le referai volontiers, si tu veux prendre une résolution énergique.

BRIGNOL. — Et dans quel genre ?

VALPIERRE. — Il faut travailler, il faut accepter une place dans un bureau, n'importe quoi ; je m'arrangerai avec tes créanciers, que l'on réglera peu à peu.

te donnerait quarante ans ! Tu parais quinze ans de moins que moi et nous sommes de la même année. Tu n'es jamais malade ?

BRIGNOL. — Jamais.

VALPIERRE. — Tu n'as pas de rhumatismes ?

BRIGNOL. — Du tout.

VALPIERRE. — Moi, j'en suis couvert. J'ai vieilli, toi, tu as l'air d'un jeune homme, voilà où mène la fainéantise. C'est décourageant ! Enfin, tu veux continuer à ne rien faire, c'est comme il te plaira.

BRIGNOL. — Mais tu te trompes. J'ai cinquante affaires en train... Qu'une seule réussisse, et nous voilà sauvés, pour ne pas dire riches... En attendant, j'ai des clients... Connais-tu Carriard ?

VALPIERRE. — Qu'est-ce que c'est que ce monsieur ?

BRIGNOL. — C'est un homme qui m'a fait gagner cinq cents francs, le mois dernier. Tu dîneras avec lui ce soir. Je vais très probablement avoir une position superbe dans sa manufacture ou dans le nouveau chemin de fer qu'il va construire... sans compter le journal qu'il va fonder, et dont je dois être l'administrateur.

VALPIERRE. — C'est ça... tes clients ?

BRIGNOL. — As-tu entendu parler du commandant Brunet ?

VALPIERRE. — Le commandant Brunet, de Poitiers ? Je le connais très bien.

BRIGNOL, contrarié. — Ah ! tu le connais... Enfin, tu vois que ma situation n'est pas aussi...

VALPIERRE. — Et c'est un de tes clients, le commandant ?

BRIGNOL. — Oui, oui.

VALPIERRE. — Il n'a plus un sou ; il s'est ruiné au jeu.

BRIGNOL. — Pardon, le commandant n'est pas ruiné. Bref, cher ami...

VALPIERRE. — En effet, je me rappelle vaguement cette histoire. Il a fait un petit héritage, il y a deux ans ?

BRIGNOL. — Oui.

VALPIERRE. — Il y a eu un procès à Poitiers, qu'il a gagné ?...

BRIGNOL. — Parfaitement.

VALPIERRE. — Et il n'a pas perdu cet argent au baccara ?

BRIGNOL. — Non, il ne joue plus.

VALPIERRE. — Tu le vois souvent ?

BRIGNOL. — Souvent.

VALPIERRE. — C'était un assez bon homme : je le rencontrerais avec plaisir.

BRIGNOL. — Ah !

VALPIERRE. — Où demeure-t-il donc ?

BRIGNOL, préoccupé. — Le comman-

dant ? Hum ! J'ai son adresse dans un de mes tiroirs, je te la donnerai.

VALPIERRE, un silence. — Je me demande quel genre d'affaires tu peux avoir avec le commandant ?

BRIGNOL. — Je t'ai parlé de lui en l'air. Je n'ai pas que lui. Ce ne sont pas les ressources qui me manquent... Tu t'imagines qu'on est perdu, parce qu'on doit trois termes, et qu'on a quelques paiements en retard. Mais, c'est un hasard, à Paris, quand on ne doit pas un terme ou deux, et ces choses-là ne tirent pas du tout à conséquence !

VALPIERRE. — Et où prendras-tu l'argent pour payer ?

BRIGNOL. — Mais, je ne sais pas, je le saurai plus tard. L'important est que je l'aie et je l'aurai nécessairement. Vingt fois déjà, je me suis trouvé dans une situation analogue et à la dernière minute, je m'en suis toujours tiré.

VALPIERRE. — Veux-tu mon opinion ? Il viendra un jour où tu ne trouveras plus d'argent, et ce jour-là, tu te compromettras d'une façon définitive. (Brignol hausse les épaules.) Comme d'ailleurs, tu as déjà failli faire deux ou trois fois...

BRIGNOL. — Moi ?

MADAME VALPIERRE. — Et l'affaire des diamants, à Tours ?

BRIGNOL. — Rien du tout.

MADAME VALPIERRE. — Et l'affaire du vin de Champagne ?

BRIGNOL. — Des puérilités. Personne ne s'en souvient, et tout cela s'est arrangé comme tout s'arrange à la longue.

VALPIERRE. — Tu verras où te mèneront ces idées.

BRIGNOL. — Me prends-tu, d'ailleurs, pour un ambitieux qui veut gagner des millions comme un financier ?... Qu'est-ce que je souhaite, moi ? Donner cent mille francs de dot à Cécile et me retirer à la campagne avec une dizaine de mille francs de rente.

VALPIERRE, railleur. — C'est bien simple.

BRIGNOL. — Eh bien ! cette somme-là, je peux la gagner à Paris, mais je ne pouvais pas la gagner à Poitiers.

VALPIERRE, *devant le bureau*. — Mais, cette somme, monsieur, je l'ai à peine, moi qui vous parle, et j'ai été magistrat pendant trente ans. Et tu aurais la prétention de la gagner d'un seul coup?

BRIGNOL. — Parfaitement. Te souviens-tu que j'ai voulu t'emprunter un jour vingt mille francs et que tu me les a refusés?

VALPIERRE. — Certes!

BRIGNOL. — Mon ami, si tu me les avais prêtés, non seulement je te les aurais rendus l'année suivante, avec les intérêts, mais encore, aujourd'hui, je serais plus riche que toi.

VALPIERRE. — Vraiment?

BRIGNOL. — Oui, c'était une spéculation sûre.

MADAME VALPIERRE. — Et vous auriez trouvé naturel de devenir, par de pareils moyens, plus riche qu'Adolphe qui a travaillé trente années?... Je suis enchantée qu'il ne vous ait pas prêté cet argent.

On entend un bruit de voix.

BRIGNOL. — Qu'est-ce que c'est?

Il va à la porte pour écouter.

CÉCILE, *de la coulisse*. — Je vous assure qu'il n'est pas là!

VALPIERRE. — Hein?

BRIGNOL. — Chut! — Ah! il est parti.

VALPIERRE. — Encore un créancier? C'est inouï!

Entre Cécile.

SCÈNE VI

Les Mêmes, CECILE

BRIGNOL. — Qui était-ce?

CÉCILE. — Un monsieur Vignon. Il est de ton cercle.

BRIGNOL. — Qu'est-ce qu'il voulait?

CÉCILE, *souriant*. — Dame!

BRIGNOL. — Enfin, il est parti?

CÉCILE. — Il n'est pas parti tout à fait; il est sur le trottoir... Il te guette. Il attend que tu rentres.

BRIGNOL. — Sur le trottoir? Il a un aplomb, celui-là!

MADAME VALPIERRE. — Délicieux!

BRIGNOL. — Je vais lui parler; il commence à m'agacer.

Il sort.

SCÈNE VII

VALPIERRE, CECILE, MADAME VALPIERRE

MADAME VALPIERRE, *à Cécile qui rit*. — Tu trouves cela drôle?

CÉCILE, *cessant de rire*. — Très drôle!

MADAME VALPIERRE. — Et c'est tous les jours comme ça?

CÉCILE. — Presque tous les jours.

VALPIERRE, *s'emportant*. — Et ta mère supporte cette situation-là?

CÉCILE. — Que voulez-vous qu'elle y fasse?

VALPIERRE. — Et toi, tu n'es pas exaspérée, tu n'es pas navrée?

CÉCILE. — Nous en avons l'habitude.

VALPIERRE. — Tu n'es pas épouvantée d'être ainsi toute ta vie?

CÉCILE. — Père prétend que cela finira bientôt.

MADAME VALPIERRE. — Cela ne finira jamais! Il est impossible que cela finisse!

CÉCILE. — Eh bien! puisque c'est une chose qui ne finira jamais, il faut bien que je m'y accoutume.

MADAME VALPIERRE. — C'est insensé!

CÉCILE. — Mais vous savez, ma tante, j'aimerais mieux que mon père fût riche et que nous n'ayons jamais d'ennuis; posséder des chevaux et des voitures et une maison de campagne, et mener la vie qui nous conviendrait. Mais, vous venez de dire vous-même que cela n'arriverait jamais...

VALPIERRE. — Je le crains.

CÉCILE. — Dans ces conditions-là, mon oncle, je ne vois vraiment rien de mieux à faire que ce que je fais en ce moment-ci.

VALPIERRE, *il se promène et frappe du pied*. — Si tu avais été dans l'enseignement, comme je l'ai conseillé cent fois à

VALPIERRE — SI TON PÈRE N'AVAIT PAS QUITTÉ POITIERS ?

ma sœur, tu n'assisterais pas à de pareils spectacles.

CÉCILE. — Oui, mais il est trop tard. Je ne suis pas dans l'enseignement ; je ne suis bonne à rien, nous n'avons pas d'argent et papa a des dettes. Je suis bien obligée d'en prendre mon parti.

VALPIERRE. — Si ton père n'avait pas quitté Poitiers ?

CÉCILE. — Il l'a quitté, que voulez-vous y faire ?

VALPIERRE. — S'il n'avait pas fait tant de sottises ! s'il n'avait pas été si imprévoyant ! si... si... Il serait avocat, car il plaidait très bien, il aurait une position.

CÉCILE, *énervée*. — Si... si... si !... Mais tout cela n'est pas. Je le regrette, c'est tout ce que j'y puis.

VALPIERRE. — Et comment cela finira-t-il, malheureuse petite ?

CÉCILE. — Nous le saurons plus tard... Ma tante, venez donc voir papa se promener sur le trottoir, avec son créancier. C'est très amusant.

Elle sort avec Madame Valpierre qui fait des gestes de découragement.

SCÈNE VIII

VALPIERRE, puis le COMMANDANT, puis BRIGNOL

VALPIERRE, *seul*. — Il est impossible que cela finisse bien. (*Le commandant entre.*) Monsieur... (*Le reconnaissant.*) Tiens ! c'est vous, commandant ?

LE COMMANDANT. — Valpierre ! En effet, vous êtes le parent à Brignol, il me semble ?

VALPIERRE. — Son beau-frère.

LE COMMANDANT. — C'est cela. Il y a si longtemps que j'ai quitté Poitiers que je l'avais oublié... Je viens de rencontrer Brignol sur le trottoir, là, en face ; il m'a dit de monter.

VALPIERRE. — Il va revenir. Et vous ne retournez jamais à Poitiers ?

LE COMMANDANT. — Rarement. J'allais autrefois chasser chez mon neveu qui a une propriété aux environs.

VALPIERRE. — Elle est voisine de la mienne. J'ai appris avec plaisir, mon cher commandant, que vous étiez lié avec mon beau-frère. Il me parlait de vous, il n'y a qu'un instant.

LE COMMANDANT. — Je l'aime beaucoup, beaucoup.

VALPIERRE. — Vous êtes en rapport d'affaires avec lui?

LE COMMANDANT. — Oui. Il m'a rendu de grands services dans mon procès.

VALPIERRE. — Ah! Et vous vous êtes définitivement fixé à Paris?

LE COMMANDANT. — A peu près. Je vous comprends, allez, Valpierre. Je n'ai pas laissé une très bonne réputation à Poitiers, hein? c'est ce que vous voulez dire?

VALPIERRE. — On n'attaque en rien votre honorabilité, commandant.

LE COMMANDANT. — Mais on me reproche d'aimer le jeu et de courir les cercles?

VALPIERRE. — On vous plaint surtout d'y avoir perdu votre fortune. Quant à votre vie, commandant, malgré cette faiblesse, elle est au-dessus de la médisance. Il est seulement pénible pour vos amis de voir un homme de votre situation se fourvoyer parmi des gens douteux, passer des nuits entières à tripoter des cartes et en être réduit à n'avoir plus que la ressource d'une pension, après avoir gaspillé plusieurs centaines de mille francs. Comment, vous, commandant, qui vous feriez plutôt tuer que de commettre la plus légère indélicatesse...?

LE COMMANDANT, *affecté.* — Merci, Valpierre. Vous avez de moi une meilleure opinion que je ne mérite; je me connais maintenant. Certes, je ne me crois pas encore capable de commettre la moindre indélicatesse; mais, on me dirait que j'arriverais à en commettre plus tard...

VALPIERRE. — Allons donc!

LE COMMANDANT. — Tout est possible, quand on joue! tout est possible! Enfin, Dieu merci, je n'en suis pas là!

VALPIERRE. — Mais est-ce que Brignol ne me disait pas tantôt que vous aviez fini par renoncer au jeu?

LE COMMANDANT. — En effet, je n'ai joué, depuis dix-huit mois, que des jeux insignifiants : le bésigue chinois, le piquet... J'avais renoncé au baccara, je m'en trouvais très bien.

VALPIERRE. — Alors...

LE COMMANDANT. — Ne me félicitez pas. Je vais recommencer à jouer aujourd'hui même.

VALPIERRE. — Tant pis, commandant, tant pis.

LE COMMANDANT. — J'espère que, depuis le temps que je ne joue plus, ma déveine se sera épuisée. Connaissez-vous le système de d'Alembert?

VALPIERRE. — Non.

LE COMMANDANT, *haussant les épaules.* — On prétend que c'est bon.

VALPIERRE. — Mon pauvre ami! Et vous ne gagnez jamais?

LE COMMANDANT. — Jamais.

VALPIERRE. — D'ailleurs les anciens militaires ne gagnent jamais au baccara...

LE COMMANDANT. — C'est vrai. Vous l'avez remarqué aussi?

VALPIERRE. — Je ne l'ai pas remarqué, mais c'est une chose que tout le monde sait.

LE COMMANDANT. — Tout le monde le sait! Moi aussi, je le sais et je joue tout de même... Vous ne jouez pas, vous? Les magistrats sont assez heureux pourtant, en général.

VALPIERRE. — Eh!

LE COMMANDANT. — Pardon, Valpierre, pardon!... Je suis un nigaud, je ne vois que le jeu partout et je mourrai sur la paille, j'en suis sûr. Tenez, il y a un homme qui a failli me sauver de cette passion stupide : c'est votre beau-frère.

VALPIERRE. — Brignol?

LE COMMANDANT. — Vous avez dans votre beau-frère, mon ami, un homme de premier ordre. Il a le génie des affaires et il fera un jour une grande fortune. Vous ai-je dit qu'il m'était resté une trentaine de mille francs de mon procès? C'était ma dernière ressource et c'est à lui que je dois de ne pas l'avoir encore perdue au baccara.

VALPIERRE. — Ah!

LE COMMANDANT. — Ou de ne pas m'être laissé entraîner dans des spéculations idiotes par quelqu'un de ces tripoteurs qui pullulent dans les cercles... Ah! mon ami, quand on a su au cercle que je vonais d'hériter de ces malheureux trente mille francs, on m'en a proposé des placements avantageux ! Il y a... Chose..., qui est à la Bourse, qui voulait me faire gagner vingt mille francs par an.

VALPIERRE. — Fichtre !

LE COMMANDANT. — Brignol, lui, a été carré : « Quand ces trente mille francs, m'a-t-il dit, vous auront rapporté six pour cent, ce sera le bout du monde. Mais ils peuvent vous rapporter cela, en les manœuvrant bien. Donnez-les moi. »

VALPIERRE, *brusquement*. — Vous les lui avez donnés ?

LE COMMANDANT. — Il y a dix-huit mois. Nous avons fait quelques petites affaires sans danger et j'ai touché deux mille francs, mon argent de poche.

VALPIERRE. — Très bien, très bien.

LE COMMANDANT. — Hélas ! mon pauvre ami, ces bonnes résolutions ne devaient pas durer longtemps. J'ai résisté tant que j'ai pu. Aujourd'hui, il faut que je joue et je viens lui reprendre mon argent. Vous me croirez, Valpierre, j'hésite depuis ce matin, tellement je sais que cela lui fera du chagrin.

VALPIERRE. — Oui... Oh ! oui.

LE COMMANDANT. — J'en suis honteux, mais c'est une fatalité qui me domine. Je rêve de baccara toutes les nuits ; je me réveille en sursaut, j'ai des cauchemars. C'est plus fatigant que de jouer véritablement.

VALPIERRE. — On perd moins.

LE COMMANDANT. — Oh ! moi, mon sort est si bien réglé d'avance que ce n'est plus la peine de m'en occuper. Je finirai sur la paille, à moins que je ne demande l'aumône à mon neveu qui est très riche. Ah !... voici Brignol.

BRIGNOL, *entrant*. — Excusez-moi, commandant.

LE COMMANDANT, *à Valpierre*. — J'aurai j'espère le plaisir de vous revoir pendant votre séjour à Paris ?

VALPIERRE. — Je le pense... Au revoir.

Il regarde Brignol qui détourne la tête, et sort.

SCÈNE IX

BRIGNOL, LE COMMANDANT

BRIGNOL. — Commandant, je suis à vous. Rien de grave, j'espère ?

LE COMMANDANT, *hésitant*. — Rien.

BRIGNOL. — La fin de saison ne s'annonce pas mal. Si cela continue, vous aurez une bonne somme à toucher.

LE COMMANDANT. — Merci, Brignol, merci. Je n'oublierai pas ce que vous avez fait pour moi.

BRIGNOL. — C'est fort naturel. Un autre, à ma place, vous eût donné peut-être plus d'argent pour débuter ; il aurait fini par aventurer vos trente mille francs dans quelque spéculation hasardeuse et vous ne les auriez pas revus. Je préfère, moi, vous donner un peu moins et ne rien risquer. (*Désignant son coffre-fort.*) Votre petit capital est là, en bons titres, et si l'occasion s'en présente, une occasion favorable, quelque chose de sûr, je vous

BRIGNOL. — VOTRE PETIT CAPITAL EST LA, EN BONS TITRES...

garantis que nous ne la laisserons pas échapper.

LE COMMANDANT, *s'avançant vers le coffre-fort*. — Mes titres sont là ?

BRIGNOL. — La prudence en affaires a toujours été mon système.

LE COMMANDANT *se promène, hésite et revient devant Brignol, piteusement.* — Brignol, vous voyez devant vous l'homme le plus bête de Paris.

BRIGNOL. — Qu'est-ce qu'il y a ?

LE COMMANDANT. — Décidément, mon ami, je suis inguérissable.

BRIGNOL. — De quoi? Vous êtes malade?

LE COMMANDANT. — Je suis inguérissable du jeu.

BRIGNOL, *brusquement.* — Vous avez l'intention de rejouer? Mais, malheureux...

LE COMMANDANT. — Ne me faites pas de reproches, Brignol, ne m'en faites pas, je vous en supplie. Je sais bien que je perdrai et que je mourrai sur la paille. Vous aurez fait tout ce qui était humainement possible pour m'éviter ce malheur, je vous en serai reconnaissant toute ma vie.

BRIGNOL. — Mon pauvre commandant, c'est de l'aberration. Vous qui venez de rester un an et demi sans toucher une carte?

LE COMMANDANT. — Je n'ai pas joué une seule fois au baccara, c'est vrai. Je ne jouais que des jeux d'enfants, le bésigue, par exemple. Eh bien! mon ami, je trouvais encore le moyen de perdre de véritables sommes. J'ai établi le compte de ce que m'a coûté le bésigue chinois, le mois dernier : quatre cents francs. Avant-hier, j'ai perdu plus de cent francs à la manille, avec des méridionaux... C'est une déveine insensée! Des jeux auxquels tout le monde gagne! Alors, je me suis dit : « Autant me remettre au baccara. J'ai une chance au moins de me rattraper de temps en temps. » Je vous ai rapporté votre reçu. Rendez-moi mes titres, mon pauvre ami, et ne vous occupez plus de moi : je ne le mérite pas.

BRIGNOL. — Vous voulez donc rejouer immédiatement?

LE COMMANDANT. — Ce soir même, après dîner. Les rares fois que j'ai gagné, ça a toujours été après dîner.

BRIGNOL. — Vous allez perdre sur vos titres en les vendant précipitamment.

LE COMMANDANT. — Cela m'est égal.

BRIGNOL, *montrant le calendrier.* — Recommencer à jouer un vendredi, après une aussi longue interruption!...

LE COMMANDANT. — Je ne suis pas superstitieux. Et j'ai la conviction que le vendredi porte bonheur, au contraire.

BRIGNOL, *tirant sa montre.* — Vendre des titres à cette heure-ci, c'est inouï!

LE COMMANDANT. — Le plus tôt sera le mieux... Si je suis pressé, Brignol, c'est que je suis fermement résolu à ne plus manœuvrer à tort et à travers, comme auparavant. J'ai étudié un système et je ne m'en écarterai pas d'une ligne... (*Brignol hausse les épaules.*) Connaissez-vous le système de d'Alembert?

BRIGNOL, *avec assurance.* — C'est un des plus mauvais qu'il y ait. Vous n'aurez plus un centime dans trois semaines.

LE COMMANDANT, *d'un ton pénétré.* — C'est possible.

BRIGNOL. — C'est certain.

LE COMMANDANT. — Ne me donnez pas de remords, mon ami. Je ne puis plus m'arrêter maintenant, il est trop tard. Je deviendrais malade, si j'étais seulement obligé de retarder d'un jour. Prenez votre reçu et dites-vous que vous n'aurez pas eu affaire à un ingrat.

Il s'avance machinalement vers le coffre-fort ainsi que Brignol.

BRIGNOL. — Combien d'argent vous faut-il pour commencer?

LE COMMANDANT. — Ecoutez, Brignol, si je risque ce qui me reste sou à sou, je n'ai aucune chance de me défendre. Je vais mettre tout mon argent dans un tiroir, et à la grâce de Dieu!

BRIGNOL, *s'essuyant le front.* — Vous voulez tout? (*Le commandant fait signe que oui.*) C'est bien, commandant, j'ai fait mon devoir. (*Il va s'asseoir à son bureau et écrit.*) Vous aurez cela demain ou après-demain, le temps matériel de négocier.

LE COMMANDANT. — Je négocierai moi-même. De la rente ou des chemins de fer, c'est comme de l'argent comptant. L'important pour moi est de n'avoir pas le temps de réfléchir et, puisque je fais une sottise, de la faire instantanément. J'aurais été navré, si vous n'aviez pas eu mes titres sous la main. Et, tenez! j'ai de l'espoir. Je crois que cette fois-ci, je gagnerai.

BRIGNOL, *un peu pâle*. — A demain donc, c'est convenu.

LE COMMANDANT. — Pourquoi demain, mon pauvre Brignol? Réglons cela tout de suite.

BRIGNOL. — Diable! que vous êtes pressé! il y a des formalités de caisse indispensables.

LE COMMANDANT. — Lesquelles? Du moment que mon argent est là...

BRIGNOL. — Il est là... C'est-à-dire qu'il y a l'équivalent. (*Balbutiant.*) Il faut moi-même que je transforme...

LE COMMANDANT. — Que vous tranformiez quoi? Vous avez mes titres là. Je vous donne votre reçu, vous me rendez mes titres et je me résigne à la perte qui en résultera... c'est très simple.

BRIGNOL. — Vous n'entendez rien aux choses de la finance, commandant : vous êtes bien heureux! Ce ne sont pas vos titres positivement que j'ai en caisse, je vous le répète, c'est l'équivalent. Il est matériellement impossible que vous les ayez avant quelques heures.

LE COMMANDANT, *ennuyé*. — Mon argent n'est pas dans le coffre-fort? Je le croyais... vous venez de me le dire.

BRIGNOL. — C'est un terme de finance.

LE COMMANDANT. — Il faut que j'attende jusqu'à demain... à midi, à peu près?

BRIGNOL. — A quatre heures.

LE COMMANDANT. — Quatre heures... Vous ne vous imaginez pas combien ce contretemps dérange mes projets. Enfin, je puis compter que demain à quatre heures...

BRIGNOL. — Oui...

LE COMMANDANT. — Il n'y aura pas de retard? Vous ne prévoyez pas de retard?... Je vais m'arranger en conséquence.

BRIGNOL, *prenant le commandant par le bras, après une hésitation*. — Ah! commandant!... Vous ne savez pas ce que vous feriez, si vous êtes bien gentil? Vous ne recommenceriez à jouer que dans quelques jours.

LE COMMANDANT. — Oh! cela! jamais! Brignol, jamais!... N'insistez pas, vous redoublez mes remords.

BRIGNOL. — Vous me rendriez un grand service, commandant.

LE COMMANDANT. — Pourquoi?

BRIGNOL, *baissant la voix*. — Je vais vous dire une chose que je ne dirai qu'à

LE COMMANDANT. — CE CONTRETEMPS DÉRANGE MES PROJETS.

vous, parce que je sais que vous êtes un honnête homme, incapable d'une mauvaise pensée... (*Le commandant lève les yeux.*) J'ai besoin de quelques jours pour négocier vos fonds. Je ne supposais pas que vous les exigeriez du jour au lendemain et je les avais placés dans une affaire sûre.

LE COMMANDANT. — Quelques jours!

BRIGNOL. — Une quinzaine.

LE COMMANDANT. — Sapristi! Sapristi de sapristi! Nom d'un chien! Cela m'ennuie beaucoup... Une affaire sûre? Quelle affaire?

BRIGNOL. — Ne vous inquiétez donc pas, vous les aurez dans quinze jours.

LE COMMANDANT. — Je suis très in

quiet, au contraire, très inquiet! Vous ne
deviez pas aventurer mon argent dans
n'importe quelle affaire sans m'en prévenir. C'est spécifié dans le reçu.

BRIGNOL. — Pouvais-je supposer...?

LE COMMANDANT. — Soyons sérieux,
maintenant. (*Mettant la main sur
l'épaule de Brignol.*) Qu'avez-vous fait
de mes trente mille francs?

BRIGNOL. — Vous les toucherez de de-

BRIGNOL. — JE LE SAIS BIEN...

main en quinze, commandant. Vous ne
me croyez pas un escroc?

LE COMMANDANT. — Certes!

BRIGNOL. — Eh bien! je vous donne
ma parole d'honneur pour demain en
quinze. Vous avez mon reçu, il sera aussi
bon qu'aujourd'hui.

LE COMMANDANT. — Quinze jours.

BRIGNOL. — Vous êtes exquis, commandant.

Il lui prend la main, l'autre se laisse faire,
froidement.

LE COMMANDANT. — Moi qui avais si
confiance en vous! Quand vous m'avez
dit : « Vos titres sont dans le coffre-
fort... » je croyais absolument les tenir.

BRIGNOL. — Il n'y a rien de changé.

LE COMMANDANT. — Voilà une aventure bien ennuyeuse, et je ne m'y attendais pas! J'avais en vous une confiance
absolue, Brignol.

BRIGNOL. — J'espère, commandant...

LE COMMANDANT, *à part, sans lui répondre.* — Je vais aller consulter mon
neveu.

BRIGNOL. — Vous ne me gardez pas
rancune? (*Le commandant ne répond pas
et secoue la tête. Brignol fait un grand
geste en se parlant à lui-même.*) Évidem-
ment, j'ai eu tort! Je le sais bien...

Entre Carriard.

SCÈNE X

LES MÊMES, CARRIARD

CARRIARD. — Bonjour, commandant.
La santé est bonne?

LE COMMANDANT. — Excellente.

CARRIARD. — Vous verra-t-on ce soir,
au cercle?

LE COMMANDANT, *se retourne furieux.*
— Au cercle! Je ne sais plus quand on
m'y verra, au cercle.

Il s'en va.

SCÈNE XI

BRIGNOL, CARRIARD

CARRIARD, *à Brignol.* — Qu'est-ce
qu'il a donc?

BRIGNOL. — Il est de mauvaise humeur.

CARRIARD. — Vous avez eu quelque
histoire avec lui?

BRIGNOL. — Un malentendu.

CARRIARD. — Ah! ah!... grave?

BRIGNOL. — Du tout.

CARRIARD. — Tant mieux.

BRIGNOL. — Vous dinez ce soir à la
maison, vous ne l'avez pas oublié!

CARRIARD. — Je suis trop heureux. Ces dames vont bien ? Votre fille...

BRIGNOL. — A merveille.

CARRIARD. — Je suis venu avant dîner pour vous apporter une nouvelle. Je crois que j'achèterai cette usine dont je vous ai parlé récemment.

BRIGNOL. — Quelle usine ?

CARRIARD. — Dans la Nièvre.

BRIGNOL. — Ah ! bon. Tant mieux, cher ami, tant mieux.

CARRIARD. — Vous paraissez préoccupé ?

BRIGNOL. — Ce n'est rien.

CARRIARD. — Vous aurez là votre position, mon cher ami. Il est clair que vous serez obligé de quitter Paris ; mais, dès qu'il s'agit d'intérêt...

BRIGNOL. — Ah ! ce n'est pas cela qui serait un obstacle. Il y a des moments où j'en suis bien dégoûté, de Paris.

CARRIARD. — Vous vivrez là-bas, modestement, avec madame Brignol. Deux ou trois fois par an, j'irai vous voir avec ma femme...

BRIGNOL. — Votre femme ?

CARRIARD. — Décidément, vous avez quelque chose aujourd'hui... C'est-à-dire votre fille... Car je n'ai pas besoin de vous rappeler que tout cela est basé sur mon mariage avec votre fille, qui est un projet convenu entre nous.

BRIGNOL. — Ah ! oui... en effet...

CARRIARD. — Vous vous rappelez ?...

BRIGNOL. — Parfaitement... Je n'ai pas encore eu l'occasion d'en parler, ni à ma fille, ni à ma femme ; mais, en effet, c'est un projet convenu entre nous.

CARRIARD. — Cher ami, votre fille est gaie, elle n'a aucun défaut, elle est charmante. J'ai découvert que j'avais pour elle un grand attachement... Il me serait très désagréable de ne pas l'épouser.

BRIGNOL. — Mais il reste entendu, n'est-ce pas, cher ami, que vous ne me tiendrez pas rancune au cas peu probable où ma fille refuserait ?

CARRIARD. — Cela va de soi.

BRIGNOL. — Elle a toujours fait ce qu'elle a voulu et je suis incapable d'exercer sur elle la moindre autorité.

CARRIARD. — Eh ! je vous avoue que, sans fatuité, je ne m'attends pas à un refus. Votre fille est très aimable avec moi ; nous causons en camarades. Je n'ai pas encore quarante ans, nos âges ne sont pas trop disproportionnés...

BRIGNOL. — Tant mieux, mon ami, tant mieux.

CARRIARD. — Quand lui parlerez-vous ?

BRIGNOL. — Mais bientôt... dans quelques jours... Aujourd'hui, je vais vous présenter à mon beau-frère.

CARRIARD. — Valpierre... de Poitiers ?

BRIGNOL. — Vous le connaissez ?

CARRIARD. — Je connais tout le monde, moi !

Entre la bonne avec des cartes.

BRIGNOL, *prenant les cartes*. — Encore !

CARRIARD. — Une affaire.

BRIGNOL. — Je le crois... Venez-vous, cher ami ?

Ils sortent.

LA BONNE. — Que dois-je répondre ?

BRIGNOL. — Veuillez introduire ces messieurs ici... Je suis à eux tout de suite.

SCÈNE XII

LE COMMANDANT BRUNET, MAURICE, LA BONNE

LA BONNE, *allant à l'autre porte*. — Si ces messieurs veulent bien entrer ?

LE COMMANDANT, *à la bonne*. — Il n'est pas parti, j'espère ?

LA BONNE. — Non, messieurs... Monsieur vous prie de bien vouloir l'attendre un instant.

Elle sort.

LE COMMANDANT, *agitant sa canne*. — Trente mille francs !

MAURICE. — Pourquoi, diable ! aussi, mon oncle, ne m'avez-vous pas raconté cette histoire-là plus tôt ?

LE COMMANDANT, *haussant les épaules*. — Est-ce que je pouvais supposer une pareille chose ? Brignol !

MAURICE. — Vous êtes bien naïf, permettez-moi de vous le dire. Brignol ! Qu'est-ce que c'est que ça, Brignol ?

LE COMMANDANT. — Il est de Poitiers... J'avais confiance en lui.

MAURICE. — Vous avez été dupé toute votre vie, et vous le serez toujours. Il n'y a rien à faire.

LE COMMANDANT. — J'avais confiance, te dis-je... Alors, décidément, tu crois que ce Brignol ?...

MAURICE. — Brignol est comme les autres. Il a joué à la Bourse, et ne vous faites pas d'illusion, votre argent est irrévocablement perdu.

LE COMMANDANT. — Irrévocablement ?

MAURICE. — Il n'y a pas d'exemples du contraire.

LE COMMANDANT. — J'en ai une déveine dans tout ce que je fais !

MAURICE. — Aussi, mon oncle, on n'a pas idée d'une simplicité pareille.

LE COMMANDANT. — Tu en parles à ton aise. Il est facile de ne pas compromettre sa fortune, quand on a quatre-vingts ou cent mille francs de rentes... Et puis, tu es bon, toi ! On dirait que tu t'es toujours conduit comme un ange. J'ai le jeu, c'est vrai ; mais tu as.

MAURICE. — Les femmes...

LE COMMANDANT. — Il me semble que tu as assez fait de bêtises et que j'ai eu assez d'ennuis de ce côté-là, quand j'étais encore ton tuteur... Bon ! Alors...

MAURICE. — J'en conviens, mais ça vaut encore mieux, avouez-le, que de se faire exploiter par un homme d'affaires véreux... Enfin, nous allons tâcher de rattraper quelque chose par la menace Mais cela m'étonnerait bien.

LE COMMANDANT. — Ce qu'il y a d'inouï, c'est que c'est un garçon de très bonne famille, avocat ! Il y a des moments où je ne crois pas ce qui m'arrive.

MAURICE. — Ce n'est pas arrivé qu'à vous... (*Apercevant Brignol.*) Laissez-moi parler.

———

SCÈNE XIII

———

LES MÊMES, BRIGNOL.

BRIGNOL. — Messieurs !... Mon cher Commandant...

LE COMMANDANT. — Assez de simagrées, Brignol. J'ai réfléchi. Tout cela est fort louche.

MAURICE. — Je vous en prie, mon oncle. (*A Brignol.*) Mon oncle, monsieur, m'a montré votre reçu, il est formel. Nous ne vous demandons pas de nous rendre les fonds ce soir...

LE COMMANDANT. — Pourtant...

MAURICE. — Non, mon oncle, vous ne pouvez pas exiger les fonds ce soir.

BRIGNOL. — C'est évident.

MAURICE. — Nous vous demandons simplement par quelles valeurs ils sont représentés et de nous montrer ces valeurs.

BRIGNOL, *se promenant, anxieux*. — J'ai dit au commandant...

LE COMMANDANT. — Vous m'avez parlé d'une affaire sûre.

MAURICE. — Quelle est cette affaire ?

BRIGNOL, *balbutiant*. — Nous avons convenu, tout à l'heure, mon cher commandant, que dans quinze jours...

LE COMMANDANT, *élevant la voix*. — Non, monsieur, nous n'avions rien convenu du tout. Je veux mes fonds, vous m'entendez ?

Il frappe le bureau avec sa canne.

MAURICE. — Mon oncle, monsieur,

LE COMMANDANT. — Assez de simagrées, Brignol.

vous donne jusqu'à demain midi. Je n'ai
pas besoin d'insister sur la situation où
vous vous êtes placé. Si demain, à midi,
vous n'avez pas réglé, mon oncle dépo-
sera une plainte contre vous.

LE COMMANDANT. — Absolument. (*Toujours très haut.*) Vous vous êtes conduit
à mon égard d'une façon infâme. Qu'est-
ce que je vais faire toute la soirée, sapristi?

BRIGNOL. — Vous ne cessiez de me
dire depuis un an que vous renonciez au
jeu.

LE COMMANDANT, *élevant toujours la
voix et faisant du bruit.* — Ça n'est pas
vrai! Je vous ai toujours dit que je ne
jouerai plus, tant que je serais en déveine;
aujourd'hui, ma déveine était passée, et
il faut...

Cécile entre.

SCÈNE XIV

LES MÊMES, CECILE

CÉCILE. — Mon père... Oh! pardon,
messieurs. (*Bas à Brignol.*) J'ai entendu
du bruit, je viens te délivrer...

MAURICE, *à son oncle.* — Tiens, elle est
jolie cette petite fille!

CÉCILE, *à son père, bas.* — Encore
deux créanciers? Mon pauvre papa!

BRIGNOL, *même jeu.* — Oui... mais
c'est fini. Ils allaient partir.

MAURICE, *à son oncle, bas.* — Vous ne
la connaissez pas?

LE COMMANDANT. — Qui?

MAURICE, *bas.* — La jeune fille?

LE COMMANDANT, *bas.* — Hé! je me
soucie bien...

MAURICE, *bas.* — Elle est charmante!

CÉCILE, *bas à son père.* — Le dîner est prêt, dépêche-toi... Messieurs...

MAURICE. — Mademoiselle...

Sort Cécile.

SCÈNE XV

LES MÊMES, moins CECILE

LE COMMANDANT. — Résumons-nous, monsieur. Si demain à midi...

BRIGNOL. — A midi?... Je vous certifie, commandant, que vous exagérez singulièrement.

LE COMMANDANT. — Allons donc, monsieur !

Maurice a l'attitude d'un homme qui ne s'intéresse pas à ce colloque.

BRIGNOL. — Vous ne pouvez pas vous imaginer à quel point, de votre part, ces soupçons me sont pénibles.

LE COMMANDANT. — Empruntez à votre beau-frère.

BRIGNOL. — J'ai besoin de quelques jours...

LE COMMANDANT, *à Maurice.* — Qu'est-ce qu'il faut faire ? Mais parle donc ! Tu ne dis plus rien...

MAURICE. — Hein? oui... (*A Brignol.*) Monsieur.

BRIGNOL, *à Maurice s'approchant.* — Je vous le demande en conscience, à vous, qui êtes raisonnable, monsieur. Voyons, est-il admissible qu'un père de famille, comme moi, ancien avocat, commette délibérément des actions honteuses ?

MAURICE, *machinalement.* — Evidemment... Vous avez des enfants ?

BRIGNOL. — Une fille.

MAURICE. — Oui.... oui.

LE COMMANDANT. — Trois jours, je vous donne trois jours, pas un de plus !... (*Bas à Maurice.*) Ecoute, Maurice, règle cela toi-même avec lui. Je ne veux pas y assister, je finirais par me mettre en colère. Je te verrai ce soir.

BRIGNOL. — Il est bien simple d'arranger cela à l'amiable, mon cher commandant.

LE COMMANDANT. — Trois jours, monsieur ! Qu'est-ce que je vais faire pendant ces trois jours ?

Il sort.

SCÈNE XVI

BRIGNOL, MAURICE, puis VALPIERRE

BRIGNOL. — Votre oncle, monsieur, est un homme charmant. Nous sommes en relations depuis très longtemps, et je serais désolé de me brouiller avec lui. Asseyons-nous, nous allons fixer...

MAURICE. — Est-ce que le délai de trois jours ?

BRIGNOL. — Le délai de trois jours est suffisant à la rigueur. Je regrette que nous n'ayons pas commencé par là, cela nous eût évité des explications inutiles. Mais le commandant est entré dans une telle fureur !...

MAURICE. — Il est très vif.

BRIGNOL. — Je l'aime beaucoup et je sais que la crainte de ne pas jouer de quelque temps suffit à l'exaspérer. D'ailleurs, je ne lui en veux pas le moins du monde. Mais, que diable ! quand il s'abstiendrait encore de jouer pendant quelques semaines...

MAURICE. — Quelques semaines ?

BRIGNOL. — Quelques semaines ou quelques jours, peu importe. (*Apercevant Maurice qui essaye de regarder une photographie de jeune fille placée sur son bureau.*) C'est ma fille...

MAURICE. — Elle est charmante... Voyons, je tâcherai d'obtenir un mois; je n'en réponds pas.

BRIGNOL. — Il ne peut pas refuser, à vous.

MAURICE. — Alors, vous êtes sûr que dans un mois ?

BRIGNOL. — Ah ! mon cher monsieur.

dans un mois, il y a longtemps que cette affaire sera terminée. Ce n'est même plus la peine d'en parler. Un mois !... Je vous remercie, cher monsieur, je vous remercie. Vous ne jouez pas, vous, au moins ?

MAURICE, *riant*. — Jamais.

BRIGNOL. — Je me rappelle parfaitement avoir rencontré votre père à Poitiers, quand j'étais encore au barreau. Il est mort vers quatre-vingt-dix, s'il m'en souvient bien.

MAURICE. — Oui.

BRIGNOL. — Et vous n'avez plus que votre oncle ? Quel charmant homme ! Il est bien fâcheux qu'il ait cette triste manie.

MAURICE. — De ce côté, il est incorrigible.

BRIGNOL. — Vous qui avez de l'influence sur lui, vous devriez essayer de le raisonner... Il finira par se faire du tort.

VALPIERRE *entr'ouvre la porte, et apercevant quelqu'un, fait mine de se retirer.* — Oh ! pardon.

BRIGNOL, *vivement*. — Mais, tu n'es pas de trop ! Entre donc.

VALPIERRE, *bas*. — C'est le commandant qui faisait tout ce tapage ?

BRIGNOL, *même jeu*. — Quel tapage ? Où prends-tu du tapage ?... (*Haut.*) Mon cher ami, je te présente M. Maurice Vernot, le neveu du commandant Brunet... Mon beau-frère, M. Valpierre... magistrat à Poitiers.

MAURICE, *s'inclinant*. — Ah !

VALPIERRE. — Le neveu du commandant ! Monsieur, nos propriétés sont presque voisines.

BRIGNOL. — Vous ne vous connaissez pas, c'est étonnant... Valpierre, mon cher monsieur Vernot, a été comme moi, un ami de votre père.

VALPIERRE. — En effet... C'était un homme de premier ordre.

BRIGNOL. — Un esprit des plus remarquables.

LA BONNE, *entrant*. — Monsieur est servi.

BRIGNOL. — Bien. Prévenez madame... (*A Maurice après une hésitation.*) Je compte bien, monsieur Vernot, que vous restez à dîner avec nous ?

MAURICE. — Oh ! trop aimable... vraiment, c'est impossible.

BRIGNOL. — Mon beau-frère vous en prie.

VALPIERRE. — Je vous en prie, monsieur.

BRIGNOL. — Nous serons tout à fait en famille. (*Entrent Mme Brignol, Cécile et Carriard.*) Ma femme... ma fille... M. Maurice Vernot, le neveu du commandant Brunet, qui veut bien nous faire l'amitié de dîner à la maison.

MAURICE. — Mais...

MADAME BRIGNOL. — Vous nous ferez le plus grand plaisir, monsieur.

BRIGNOL. — A table, mes enfants, à table !

Tout le monde sort par la porte du fond.

CÉCILE. — BONJOUR, MONSIEUR...

ACTE DEUXIÈME

Même décor qu'au premier acte.

SCÈNE PREMIÈRE

BRIGNOL, MAURICE

Au lever du rideau, Maurice sort des billets de banque de son portefeuille, et les remet à Brignol.

BRIGNOL. — Merci, cher ami. Je vous rendrai cette petite somme le...

MAURICE. — Ne parlons pas de cela. Allons-nous au théâtre ce soir ?

BRIGNOL. — Je crois qu'il en avait été question hier. Je vais le demander à ces dames. (*Serrant la main de Maurice.*) Vous savez, mon cher ami, je ne vous remercie pas. Voilà plusieurs fois que vous m'obligez, avec une gentillesse...

Sur un geste de Maurice, il sort.

SCÈNE II

MAURICE, *seul*. — Au fait, qu'est ce que je lui ai donc prêté, depuis quinze jours ? Une fois quinze cents, le lendemain du jour où je suis venu ici : une fois dix louis, et aujourd'hui trois mille francs. Ça fait... Oui... hum ! hum ! Et pourquoi ?... Qu'est-ce que je viens faire ici ?... Épouser cette délicieuse jeune fille ? Non : ce n'est pas possible. Elle a vraiment un père trop... spécial... Et si je ne l'épouse pas... Je ferais peut-être mieux de m'en aller.

Entrent Brignol et Cécile.

SCÈNE III

MAURICE, BRIGNOL, CÉCILE

CÉCILE, *à Maurice*. — Bonjour, monsieur. (*Ils se serrent la main.*) Nous acceptons votre loge avec plaisir et je vous remercie. Il y a au moins deux mois que nous ne sommes pas allés au théâtre.

BRIGNOL. — Deux mois, c'est ma foi, vrai !

Il se met à son bureau et écrit.

MAURICE, *baissant la voix, à Cécile.* — Je suis si content de vous être agréable.

CÉCILE. — Qu'est-ce qu'on joue ?

Elle s'assied.

MAURICE, *un silence.* — Pourquoi prenez-vous si peu de distractions ?

CÉCILE. — Mon père est très occupé.

BRIGNOL. — Ah ! ah ! Dame !

CÉCILE. — Il ne peut jamais nous accompagner. Nous menons l'existence la plus provinciale du monde.

MAURICE. — Vous ne vous ennuyez pas ?

CÉCILE. — Pas trop. Nous n'allons nulle part, nous ne recevons presque personne, et je ne sais pas comment cela se fait, le temps passe et, véritablement, je ne m'ennuie pas beaucoup.

MAURICE. — Moi, c'est le contraire.

CÉCILE. — Vous vous ennuyez ?

MAURICE. — Souvent, pour ne pas dire constamment.

CÉCILE. — Vous n'avez pourtant pas l'air d'avoir le caractère mal fait.

MAURICE. — Mais non... je ne suis pas triste naturellement... Si je m'ennuie, c'est que je fréquente d'habitude des gens fort ennuyeux, voilà tout.

BRIGNOL. — Dites donc, cher ami ?

MAURICE. — Quoi ?

BRIGNOL. — Je vais envoyer chez l'huissier...

MAURICE. — Ainsi depuis que je vous connais, je suis plus gai, plus entrain.

CÉCILE. — Tant mieux ! vous reviendrez nous voir ?

MAURICE. — Je crois bien que je reviendrai ! Cela ne vous est pas désagréable ?

CÉCILE. — Mais ! non... certes... vous êtes très sympathique à ma mère.

BRIGNOL, *toujours écrivant.* — Figu-

rez-vous que le propriétaire avait fini par me faire des frais.

LA BONNE, *entrant.* — Une lettre pour monsieur.

MAURICE, *baissant la voix.* — Seulement, voilà... si je reviens vous voir quelquefois, savez-vous ce qui va se passer ?...

CÉCILE. — Non, quoi ?

MAURICE. — Il va se passer que je serai bien vite amoureux de vous...

CÉCILE. — Monsieur !...

MAURICE, *à voix plus basse.* — Je vous aime... je vous aime.

BRIGNOL, *tapant sur la lettre.* — Ah ! non... on n'écrit pas des lettres comme ça !...

MAURICE. — Qu'y a-il ?

BRIGNOL. — Une lettre du commandant... (*A Cécile.*) Laisse-nous, mon enfant.

MAURICE. — Mademoiselle...

CÉCILE. — Monsieur...

Cécile sort.

SCÈNE IV

BRIGNOL, MAURICE
puis MADAME BRIGNOL et
VALPIERRE

MAURICE. — Que dit-il ?

BRIGNOL, *lisant.* — *Monsieur, le nouveau délai que j'ai bien voulu vous accorder est écoulé ; je me présenterai aujourd'hui chez vous, à trois heures, et si je n'ai pas mon argent, je porterai au parquet une plainte en escroquerie.* (*Signé*) *Commandant Brunet...* (*Parlé.*) Escroquerie ? Que diable ! Il va un peu loin.

MAURICE, *il prend la lettre et la lit en secouant la tête.* — En effet... Oh !

BRIGNOL. — Vous n'avez donc pas vu votre oncle ?

MAURICE. — Mais si. Je lui avais dit de prendre patience. Je lui avais affirmé que vous le payeriez bientôt.

BRIGNOL. — Eh! il n'est pas à un mois près.

MAURICE. — Il m'avait bien promis d'attendre. Je vais tâcher de le voir encore une fois. (*Regardant sa montre.*) Il doit être chez lui.

Entrent Valpierre et Madame Brignol.

BRIGNOL, *plus bas à Maurice.* — C'est cela, allez-y. Vous êtes bien aimable, et

BRIGNOL, *distrait.* — Pourquoi demain?

VALPIERRE. — Nous rentrons à Poitiers.

MAURICE. — Au revoir, alors, cher monsieur.

VALPIERRE. — Au revoir, cher monsieur.

BRIGNOL. — Attendez-moi une minute...

Il sort avec Maurice.

BRIGNOL. — Escroquerie? Que diable! Il va un peu loin...

je vous demande pardon de la peine que je vous donne. Mais je serais si content que cette affaire fût arrangée le plus tôt possible.

MAURICE. — Cela vaudrait mieux.

BRIGNOL. — Eh! cela vaudrait beaucoup mieux.

MAURICE, *à M* Brignol. — Madame... (*A Valpierre.*) Cher monsieur...

MADAME BRIGNOL, *à Brignol qui fait mine d'accompagner Maurice.* — Nous venons de terminer nos courses. Adolphe est décidé à partir demain.

SCÈNE V

—

MADAME BRIGNOL, VALPIERRE

MADAME BRIGNOL. — Pourquoi cette décision brusque? Tu devais rester un mois à Paris? Que s'est-il passé, et qui te force à rentrer si tôt?

VALPIERRE. — Rien ne m'y force, en effet.

MADAME BRIGNOL. — Alors?

VALPIERRE. — Veux-tu que je te dise

la vérité? Je m'en vais, parce que je ne veux pas être mêlé plus longtemps aux histoires de ton mari, qui finiront mal un jour ou l'autre, c'est moi qui t'en préviens. (*Madame Brignol fait un geste.*) On ne saura jamais à quoi s'en tenir avec Brignol. C'est un homme... vague et qui commet des actions... vagues. Enfin, toi qui es sa femme, as-tu jamais compris un mot à ce qu'il faisait?

MADAME BRIGNOL. — Il n'est pas méchant, voilà qui est certain. Est-ce vraiment de sa faute si nous sommes dans une pareille gêne?

VALPIERRE. — Uniquement de sa faute. Il n'y avait aucune raison pour que vous ne fussiez pas dans une position très honorable, et Brignol est le seul de la famille qui ait mal tourné.

MADAME BRIGNOL. — Parfois, je crois qu'il n'a pas eu de chance, car on ne peut pas dire qu'il ait de grands défauts.

VALPIERRE. — Il vaudrait beaucoup mieux qu'il eût des défauts et même des vices. Les vices sont des choses classées, connues; on les combat... il y a toujours de la ressource avec les gens qui ont de bons vices. Ton mari, lui, est fuyant; il n'a aucun caractère, ni bon, ni mauvais, et je ne te dissimule pas qu'il est capable de commettre les actes les plus dangereux, peut-être même sans mauvaise intention. Ainsi, un détail : il y a un homme, d'après ce que je soupçonne, d'après ce dont je suis sûr, avec lequel vous devriez être nécessairement en froid : c'est le neveu du commandant Brunet. Je sais ce que je dis... Eh bien! il arrive précisément que vous êtes au mieux avec ce jeune homme et qu'il ne quitte plus votre maison... Pourquoi? D'où cela vient-il?... Je l'ignore, et voilà ce que je trouve horripilant chez Brignol. Sans compter que la présence continuelle de M. Vernot chez vous est de nature à compromettre Cécile très gravement et que si cela se passait à Poitiers...

MADAME BRIGNOL. — Oh! de ce côté, je suis rassurée. Nous voyons peu de monde, et d'ailleurs, à Paris, on prête moins d'attention...

VALPIERRE. — Ma chère amie, à Paris, comme en province, quand un jeune homme fréquente trop une jeune fille, c'est toujours la même chose qui se produit.

MADAME BRIGNOL. — Il m'a dit que c'était un bon client pour lui. Cependant tu as raison, mais je n'ose pas entamer cette discussion avec Brignol; parle-lui-en, toi.

VALPIERRE. — Je suis tellement sûr que cela ne servira à rien du tout!

MADAME BRIGNOL. — Rends-moi ce service. Moi, je n'ai jamais pu lui faire avouer quoi que ce fût. Je ne sais rien, je n'ai jamais rien su, et nous vivons de cette façon-là depuis que nous sommes mariés.

VALPIERRE. — Je veux bien, mais pour la dernière fois, essayer de tirer tout cela au clair. Après, il fera ce qu'il voudra...

Entre Brignol.

MADAME BRIGNOL. — Je t'en prie.

Elle sort.

SCÈNE VI

VALPIERRE, BRIGNOL

BRIGNOL. — Tu t'en vas, alors; c'est décidé?

VALPIERRE. — Oui. Maintenant... (*S'asseyant sur le canapé.*) nous allons nous expliquer, si tu veux. Ce sera la dernière fois, je viens de le dire à ta femme... Je voulais partir tranquillement, sans m'occuper davantage de tes affaires, ce qui m'aurait évité de te dire des choses... désagréables...

BRIGNOL. — C'est ma femme qui t'a prié de me dire des choses désagréables?

VALPIERRE. — Epargne-moi tes jeux de mots. Crois bien que si tu n'avais pas une fille à laquelle je m'intéresse malgré tout, je me soucierais très peu de tes tripotages et des conséquences qu'ils peuvent avoir.

BRIGNOL. — Je comprends parfaitement, mais pourquoi tripotages? où vois-tu des tripotages! Tu as toujours des mots de magistrat, et on dirait qu'il n'y a que des crimes dans la vie.

VALPIERRE. — Il y a aussi des délits.

BRIGNOL. — C'est bizarre! Depuis que nous sommes réconciliés, tu me parles continuellement comme à un malfaiteur. Je ne t'en veux pas, toutefois...

VALPIERRE. — Passons.

BRIGNOL. — Que diable! aie un peu de bonne humeur. Tu aperçois des catastrophes partout. L'autre jour, nous étions perdus, nous allions être dans la misère parce que je ne payais pas mon terme... Eh bien! je viens de l'envoyer payer, mon terme, tel que tu me vois.

VALPIERRE, se levant. — Parce que tu as emprunté de l'argent et probablement à M. Vernot lui même. Par exemple, cela m'étonne, j'avoue que cela m'étonne beaucoup! mais tout est invraisemblable avec toi.

BRIGNOL. — Et quand même? D'abord, ce n'est pas un emprunt que j'ai contracté vis-à-vis de Vernot, qui est un charmant garçon, entre parenthèses. Et puis, si Vernot n'avait pas été là, j'avais d'autres ressources.

VALPIERRE. — Alors, tu t'imagines bonnement, que ce monsieur, que tu ne connaissais pas il y a deux semaines, te prête de l'argent pour le plaisir de te rendre service, et que c'est pour avoir l'avantage de causer avec toi qu'il vient ici tous les jours et qu'il te donne des places de théâtre?

BRIGNOL. — Permets, je connaissais Vernot depuis longtemps.

VALPIERRE. — Ah!

BRIGNOL. — Je le connais par son oncle.

VALPIERRE. — Son oncle? (Venant tout près de lui.) Regarde-moi donc! J'ai causé cinq minutes avec le commandant. ici même... Mais je préfère ne pas insister là-dessus.

BRIGNOL. — Tu le peux. et ça ne me gêne pas du tout que tu sois au courant. Il n'y avait entre le commandant et moi

qu'un de ces malentendus qui sont fréquents dans les affaires. Nous sommes d'accord aujourd'hui.

VALPIERRE, railleur. — J'en suis enchanté, tout va bien. Tu ne peux pas être dans une meilleure position. Seulement, lorsque, d'ici un mois ou plus tôt, ta fille sera compromise d'une façon irrémédiable...

BRIGNOL. — Et comment? Par qui?

VALPIERRE. — Mais par M. Vernot. Il me semble que cela suffit.

BRIGNOL. — Ah ça! où prends-tu qu'une jeune fille soit compromise parce qu'il vient un jeune homme dans la maison?

VALPIERRE. — Il l'épousera peut-être?

BRIGNOL, lui touchant le bras. — Mais, mon pauvre ami, tu ne comprends donc rien? Me prends-tu pour un imbécile? Est-ce que tu supposes que j'aurais laissé Maurice s'introduire ici si je n'avais pas deviné tout de suite que c'était pour Cécile le mari rêvé, le mari par excellence, le mari qu'il nous faut?

VALPIERRE. — Tu te moques de moi, n'est-ce pas?

BRIGNOL. — Je ne trouverai jamais mieux.

VALPIERRE. — Je le crois sans peine... Ah! ah!

BRIGNOL. — Quoi?

VALPIERRE. — Ah! ah! c'est très drôle!... Ah! ah!

BRIGNOL. — Ce mariage est tout simplement une idée de génie.

VALPIERRE. — Oui, c'est une combinaison admirable! Tu vas la terminer d'ici à la fin du mois, j'espère... Ah! ah!

BRIGNOL. — Qu'est-ce qui te fait rire? Est-ce que Maurice n'est pas un garçon charmant?

VALPIERRE, parlant toujours ironiquement. — Tout à fait.

BRIGNOL. — Penses-tu que j'ai agi à la légère et que je n'ai pas pris de renseignements sur lui avant de lui donner ma fille?

VALPIERRE. — Tu en es incapable... Alors, vraiment, tu as pris des renseignements... Ah! ah!

BRIGNOL. — Il a peut-être davantage...

BRIGNOL. — Bonne famille, très honorable, cent mille francs de rente?

VALPIERRE. — Il n'a que cent mille francs de rente?

BRIGNOL. — Il a peut-être davantage...

VALPIERRE. — Tu es étonnant!

BRIGNOL. — Il aime Cécile, j'en ai la conviction, et, de plus, il m'est très sympathique. Je le traite déjà comme un membre de ma famille.

VALPIERRE. — Ça c'est vrai.

BRIGNOL. — Cette union ne te semble pas très convenable de toutes les façons?

VALPIERRE, *redevenant sérieux.* — Tu es sûr de n'être pas fou? Ma parole d'honneur, il y a des moments où je le crois et quelque chose de pis. Ainsi tu as supposé que M. Vernot, qui a cent mille francs de rente, qui te connaît, qui sait comment tu vis, qui a arrangé, Dieu sait comme, ton affaire avec le commandant Brunet, une affaire de la dernière gravité... Laisse-moi parler... (*Brignol gêné, s'éloigne en murmurant.*) Je le répète : de la dernière gravité et qui pouvait te conduire devant les tribunaux pour abus de confiance... tais-toi! pour abus de con-

fiance... J'en ai jugé des centaines comme cela... Tu as supposé que ce monsieur allait épouser ta fille?

BRIGNOL. — J'en suis sûr. Pourquoi ne l'épouserait-il pas? Parce qu'elle n'a pas de dot? En province, en effet, on n'épouse pas les jeunes filles sans dot ; mais, à Paris, cela se voit tous les jours. D'ailleurs, je ne me retire pas des affaires, et la dot de Cécile, je la gagnerai plus tard.

VALPIERRE. — Malheureux! Il m'est dur de te révéler de pareilles choses, mais, vraiment, il est temps que je t'ouvre les yeux... Si tu savais ce que j'ai entendu dire de toi depuis que je suis ici?... Ah! tu as une jolie réputation!

BRIGNOL. — Et qu'as-tu entendu dire de moi? Je serais curieux de le savoir.

VALPIERRE. — Tu y tiens?

BRIGNOL. — Va, va, ne te gêne pas.

VALPIERRE. — Pas plus tard qu'hier, malheureux, dans une société de gens qui te connaissent, une société de gens d'affaires sérieux où j'ai des relations, quelqu'un a dit que tu étais... il ne savait pas que j'étais ton parent, j'en ai rougi tout de même..

BRIGNOL, *indifféremment.* — Que j'étais?...

VALPIERRE. — Que tu étais un escroc, puisque tu veux le savoir, que tu ne vivais que d'expédients et d'indélicatesses, et il citait des faits.

BRIGNOL. — Ce sont là des paroles en l'air, auxquelles on n'attache pas d'importance. Le mot escroc n'a pas ici la même signification qu'en province. A Paris, on dit de quelqu'un qu'il est un escroc, et cela ne prouve rien. C'est un mot courant. Je ne connais personne de qui on ne l'ait pas dit.

VALPIERRE, *se retournant vers lui.* — De moi!

BRIGNOL. — Parce que tu habites Poitiers.

VALPIERRE. — Résumons-nous. Je pars demain et c'est la dernière conversation que nous aurons à ce sujet. Je t'ai prévenu et je te préviens encore : M. Vernot n'épousera pas ta fille, mais, en revanche, il...

BRIGNOL, *se levant.* — Valpierre, je n'aime pas ce genre de plaisanterie!

VALPIERRE. — Quant à Cécile, j'espère encore qu'elle saura se conduire.

BRIGNOL, *digne.* — J'en suis convaincu. Elle tient de sa mère.

VALPIERRE. — Adieu.

BRIGNOL. — J'irai te dire bonjour à ton hôtel avant le départ.

VALPIERRE. — Comme il te plaira.

Il se dirige du côté de la porte.

SCÈNE VII

LES MÊMES, MADAME BRIGNOL, CÉCILE, puis, à la fin, CARRIARD

CÉCILE. — Mon oncle, vous n'allez pas partir si tôt : restez encore huit jours, vous me l'avez promis.

VALPIERRE, *froidement.* — Je regrette... Impossible!

BRIGNOL. — Il ne veut pas. J'ai insisté.

CÉCILE, *se rapprochant.* — Et si j'insiste, moi?

VALPIERRE. — Inutile, ma chère petite, demain soir, je serai parti.

Il sort au fond.

MADAME BRIGNOL. — Il est fâché, j'en suis sûre. Vous vous êtes encore disputés?

BRIGNOL. — Non, mais il n'y a pas moyen de causer raisonnablement avec lui. En outre, cette manie de faire de la morale à propos de tout est insupportable. (*Il va à Cécile et l'embrasse.*) Va, laissons-le dire : nous serons riches un jour.

MADAME BRIGNOL. — Dans cette circonstance, mon ami, je t'assure qu'il n'a pas tout à fait tort.

CÉCILE. — Et quelle est cette circonstance?

BRIGNOL. — Ce n'est rien.

MADAME BRIGNOL, *s'avançant vers lui.* — Pardon! Cécile est assez intelligente et assez avisée pour qu'on puisse parler devant elle de certaines choses délicates.

CÉCILE, *allant à son père.* — Qu'y a-t-il donc?

BRIGNOL. — Des puérilités. Cécile, mon enfant, je ne saurais trop te recommander de ne pas te laisser influencer par ton oncle. Sans être mauvaise, notre situation est cependant embrouillée, et s'il se présentait une occasion d'en sortir brillamment, il serait stupide de la négliger.

MADAME BRIGNOL, *s'avançant.* — Des illusions! Tu t'es toujours fait des illusions. Je ne voudrais pas que Cécile se préparât des déboires, elle n'a déjà que trop de dispositions à l'insouciance.

BRIGNOL. — Elle a raison. C'est la meilleure défense contre la mauvaise fortune, et je ferais de la belle besogne si nous étions à nous lamenter tous les trois.

CÉCILE. — Mais, à propos de quoi?

BRIGNOL. — Il n'y a encore rien de décidé, nous en causerons un de ces jours.

BRIGNOL. —Va, laissons-le dire. Nous serons
riches un jour.

MADAME BRIGNOL, *allant à lui.* — C'est
aujourd'hui qu'il faut parler de tout
cela. Je ne veux pas que Cécile se trouve
engagée demain dans une situation au
moins équivoque.

CÉCILE. — Moi, dans une situation
équivoque ! Quelle est cette énigme, père,
je t'en prie !

MADAME BRIGNOL, *à son mari, lente-
ment.* — As-tu d'autres motifs que des
présomptions et que ta confiance natu-
relle ? As-tu de vraies raisons pour croire

que M. Vernot est prêt à te demander
la main de notre fille ! Il vient ici tous les
jours, on l'invite à dîner, nous allons au
spectacle ensemble; c'est un garçon de
trente ans, ta fille en a vingt, et je trouve
que les observations que t'a faites Valpierre à ce sujet, méritent que tu t'y arrêtes.

BRIGNOL. — Entre gens qui comprennent l'existence, il y a des choses qui sont
convenues sans qu'il soit nécessaire de
faire des phrases.

MADAME BRIGNOL. — Un mariage n'est
pas une question de sous-entendus, et
l'on n'a jamais demandé la main d'une
jeune fille autrement qu'avec des mots.

BRIGNOL. — Je réponds de Maurice.

MADAME BRIGNOL. — Je crains.

CÉCILE, *se levant.* — Voilà une discussion tout à fait inutile ; ce monsieur paraît fort gentil, mais je t'assure que je ne
le considère pas du tout comme un fiancé.

S'il demandait ma main, je verrais ce que j'aurais à répondre.

BRIGNOL. — Parfaitement. (*Prenant sa femme et sa fille, chacune par une main.*) Mes enfants, mes chères enfants, au nom du ciel, ne vous forgez pas des idées noires à propos de rien. Rapportez-vous-en à moi. Tout va très bien et notre position s'améliore de jour en jour.

MADAME BRIGNOL. — Tu te l'imagines parce que tu as touché par hasard quelques sous; ça a toujours été la même chose... Nous vivons depuis dix ans comme si tu attendais un million le lendemain matin.

BRIGNOL. — C'est le seul moyen de le gagner.

MADAME BRIGNOL. — Si je ne m'inquiétais pas de l'avenir plus que toi...

BRIGNOL. — Le jour où l'on s'inquiète de l'avenir, on est perdu. Tu n'obtiendras jamais de moi que je m'inquiète de l'avenir. J'ai des préoccupations plus positives, heureusement. Quant à ce mariage, ma fille, j'en réponds, et tu peux y compter !

CÉCILE. — Comment! y compter?

BRIGNOL. — C'est une manière de parler : je veux dire qu'il se fera.

CÉCILE. — Qu'il se fasse ou non, je m'en moque absolument, sois-en bien convaincu... Certes! M. Vernot est aimable, il est très riche, et moi, je n'ai pas de dot; mais j'aimerais mieux rester fille et vivre dans la misère que de gagner mon mari comme un gros lot à une loterie, tu sais !

BRIGNOL, *s'asseyant.* — Mon Dieu! voilà les exagérations que je craignais.

CÉCILE. — Mais j'aimerais mieux être actrice! Si ce Monsieur est si difficile, qu'il s'en aille.

BRIGNOL. — Mais il n'est pas difficile, il est très gentil. Il n'est pas question de tout cela, et les choses vont aussi bien que possible. Je ne vous demande que de ne pas les gâter par des raisonnements absurdes. Je suis aussi soucieux que toi de ta dignité.

LA BONNE, *annonçant.* — Monsieur Carriard...

BRIGNOL. — Maintenant, mes enfants, laissez-moi à mes affaires. (*A la bonne.*) Qu'il entre. (*Elles sortent à gauche.*)

Entre Carriard.

———

SCÈNE VIII

———

CARRIARD, BRIGNOL

CARRIARD. — Dites donc, je viens de signer...

BRIGNOL. — Ah !

CARRIARD. — J'ai l'usine.

BRIGNOL. — Bon.

CARRIARD, *lui frappant sur l'épaule* — Et pour vous : quatre mille francs et le logement. Le travail consiste en des tournées d'inspection qui ne vous coûteront pas très grand mal.

BRIGNOL. — D'inspection! dans la Nièvre?

CARRIARD. — Il suffit que vous soyez levé à neuf heures du matin.

BRIGNOL. — Je me suis levé à sept heures toute ma vie. J'ai horreur de la paresse. Mais, ce que je me demande, c'est si, à mon âge, il est raisonnable de commencer une nouvelle carrière. Le hasard ne m'a jamais poussé du côté de l'industrie, et je l'ai souvent regretté. Ma foi, oui, je crois que l'industrie est à renouveler de fond en comble.

CARRIARD. — Il n'est pas question de renouveler l'industrie pour le moment; il s'agit d'aller vous installer là-bas le plus tôt possible. J'ai besoin de quelqu'un de sûr.

BRIGNOL. — Qu'appelez-vous le plus tôt possible?

CARRIARD. — Mais, une huitaine tout au plus.

BRIGNOL. — Partir dans huit jours! Abandonner mes affaires? Réfléchissez. Carriard...

CARRIARD. — Ah ça! Brignol, refuseriez-vous une pareille aubaine? La vie assurée, un travail facile!...

BRIGNOL. — Voilà justement, mon ami, ce que je reproche à la position que vous m'offrez. Elle constitue un travail facile, trop facile, si vous voulez mon avis. Ce qu il me faut à moi, au contraire, c'est un

BRIGNOL. — Elle n'a que vingt ans.

CARRIARD. — Je vous préviens que je considère ce mariage comme fait. J'ai votre parole, je n'admets pas que vous la retiriez.

CARRIARD. — Ah çà! Brignol, refuseriez-vous une pareille aubaine?

travail vaste, compliqué, mais rien de précis, rien de fixé à l'avance. Il ne faut pas que je sache ce que j'ai à faire.

CARRIARD. — Parlons sérieusement, n'est-ce pas, Brignol? Je ne suppose pas que vous ayez l'intention, sous prétexte que vous mariez votre fille, de rester dans l'oisiveté?

BRIGNOL. J'en ai horreur!

CARRIARD. — Et, d'un autre côté, nous sommes trop liés maintenant pour vivre complètement ensemble. Fixons donc la date du mariage dès ce soir. Puis vous partirez avec moi, je vous présenterai au personnel...

BRIGNOL. — Hum! Dans la Nièvre?

CARRIARD. — Vous hésitez? Dites donc, Brignol, vous n'admettez pas un seul instant, j'aime à croire, que votre fille puisse me refuser?

BRIGNOL. — Mais je ne vois pas, je ne pense pas...

CARRIARD. — J'ai la certitude absolue qu'elle n'éprouve pas de répugnance à mon égard.

BRIGNOL. — Il reste pourtant à consulter Cécile; cela la regarde uniquement.

CARRIARD. — Cela vous regarde aussi.

BRIGNOL. — Je vous ai déjà dit que je ne me résoudrai jamais à employer mon autorité...

CARRIARD. — Je n'y tiens pas non plus, et j'espère qu'il n'en sera pas besoin.

BRIGNOL, *un silence*. — Etes-vous vraiment certain de plaire à ma fille, Carriard?

CARRIARD. — Brignol, hé! assez de plaisanterie! Vous me feriez croire que vous ne vous rendez pas un compte exact de votre situation. Vous comprenez ce que je veux dire, hein? Et il n'y a que moi qui puisse vous tirer de là... Parlez donc à votre fille... Je reviens dans une heure chercher la réponse...

Entre Maurice.

MAURICE. — Mon cher Monsieur Brignol, je sors de... (*Apercevant Carriard.*) Ah! pardon... Monsieur.

CARRIARD. — Monsieur... (*A part.*) Le neveu du commandant... Ah! ça, est-ce que...? A tout à l'heure, Brignol!

BRIGNOL. — A tout à l'heure.

CARRIARD, *sortant, à part.* — Oh! oh! ça serait un peu fort, et il me le paierait!

SCÈNE IX

BRIGNOL, MAURICE

BRIGNOL. — Vous avez vu votre oncle, cher ami?

MAURICE. — Oui, je sors de chez lui. Il ne veut rien admettre; mais j'ai trouvé une combinaison.

BRIGNOL. — Tant mieux, ma foi! Vous ne pouvez pas vous imaginer à quel point

IL MET LES BILLETS DANS LE COFFRE-FORT.

je souhaiterais que ce différend fût terminé.

MAURICE. — Voilà. Je suis allé retirer trente mille francs et je vous les apporte.

Vous les donnerez à mon oncle et nous n'en parlerons plus. C'est ce qu'il y a de plus simple... Quant au commandant, il ne se doutera de rien.

BRIGNOL. — Je crois, mon cher ami, que vous avez trouvé la véritable solution.

MAURICE. — Voici l'argent... mon oncle me suit.

BRIGNOL. — Il va arriver ici, furieux, et... (*Riant.*) C'est fort drôle!

MAURICE. — Je reste chez vous pour savoir les nouvelles.

Il sort par la gauche.

BRIGNOL. — On sonne. C'est lui... A tout à l'heure.

Il met les billets dans le coffre-fort.

SCÈNE X

BRIGNOL, LA BONNE, LE COMMANDANT

LA BONNE. — Monsieur le commandant Brunet.

BRIGNOL, *d'un ton d'homme d'affaires très sérieux.* — Faites entrer!... Commandant, je vous attendais... (*Montrant une chaise.*) Donnez-vous la peine de vous asseoir.

LE COMMANDANT. — Je pense, monsieur, que vous êtes en mesure. Je ne vous accorderai pas une minute de plus.

BRIGNOL, *il se met à son bureau, le commandant étant de l'autre côté. Il classe des papiers et murmure.* — Euh! euh! euh!... Commandant Brunet, bon. (*Négligemment.*) Vous allez toujours au cercle?

LE COMMANDANT. — Oui, monsieur.

BRIGNOL, *tout en écrivant.* — Et comment vous traite le jeu?

LE COMMANDANT. — Très mal, monsieur. J'attends.

BRIGNOL. — Je suis à vous... Très mal?

Cela ne me surprend pas, si vous employez votre système.

LE COMMANDANT, *très sec.* — C'est le meilleur système, monsieur. (*Se levant.*) Mais il n'est pas question de cela.

BRIGNOL, *lui tendant un papier.* — Veuillez signer. Vous allez toucher votre argent.

impérieusement du reste : le voici. J'espère que vous ne vous repentirez pas un jour de l'avoir retiré de mes mains.

LE COMMANDANT, *étonné.* — Brignol, je...

BRIGNOL. — Mon expérience des affaires, mon cher commandant, et l'estime que je vous porte, m'autorisaient à vous

LE COMMANDANT. — TRÈS MAL, MONSIEUR. J'ATTENDS.

LE COMMANDANT. — Tout de suite ?

BRIGNOL. — Tout de suite... (*Avec bonhomie.*) Et si je vous parle du système de d'Alembert, mon cher commandant, croyez bien que ce n'est par vaine curiosité. Je m'intéresse beaucoup à vous... Oui, vous m'inspirez une réelle sympathie. (*Pendant cette tirade, il va au coffre-fort, en tire les billets et les manie.*) Si vous m'aviez laissé faire, je vous eusse peu à peu constitué une petite rente que vous auriez été bien aise de retrouver dans quelques années. Vous préférez risquer vos dernières ressources dans le hasard d'une combinaison absurde, cela vous regarde. J'ai fait mon devoir d'ami, qui était de retarder ce malheur le plus possible. Vous avez exigé votre argent, assez

dire cela; mais c'est fini et je n'y reviendrai plus.

LE COMMANDANT. — Au fond, Brignol, je sens que vous avez raison. Mais...

BRIGNOL. — Sept... huit... quatorze, quinze... (*Il répète quinze.*) Mais, pourquoi risquer tout votre petit avoir; cela me paraît imprudent... N'aventurez que la moitié, quinze mille. Eh! eh! commandant, voilà une idée. Vous avez largement assez de quinze mille francs pour commencer et il vous en restera toujours quinze mille comme ressource suprême, hein ?

LE COMMANDANT, *baissant la tête.* — Non, je suis décidé! Voyez-vous, avec quinze mille francs, on ne peut rien faire...

BRIGNOL. — Comme il vous plaira.
Voici les trente mille.

LE COMMANDANT, *serrant les billets.* —
Brignol, je vais recommencer à jouer ce
soir. J'ai une confiance énorme.

BRIGNOL. — Bonne chance!

LE COMMANDANT. — Merci, Brignol. (*Il
fait quelques pas et se retourne.*) Et puis,
quand je n'aurai plus le sou, j'irai vivre
chez mon neveu, à la campagne. Il est
riche, lui... Mais, au fait, vous le connaissez, mon neveu, maintenant. On m'a
dit qu'on vous avait vu au théâtre avec
lui?

BRIGNOL. — Un charmant garçon.

LE COMMANDANT. — Il ne m'en a pas
parlé.

BRIGNOL, *avec importance.* — J'avais
beaucoup connu son père.

LE COMMANDANT. — Où donc?

BRIGNOL. — A Poitiers.

LE COMMANDANT, *intrigué.* — Mais,
pardon... il me semble que le jour où je
suis venu chez vous avec lui, vous ne vous
étiez jamais vus?

BRIGNOL. — J'avais eu de si bonnes
relations avec M. Vernot le père, que...

LE COMMANDANT. — Oui, oui.

BRIGNOL. — Depuis, j'avais rencontré
votre neveu çà et là, dernièrement, le hasard nous a placés au spectacle à côté l'un
de l'autre.

LE COMMANDANT, *méfiant.* — Je comprends, je comprends. Vous l'avez vu aujourd'hui.

BRIGNOL. — Votre neveu?

LE COMMANDANT. — Allons! Brignol...
je ne suis pas un enfant!... Vous avez vu
mon neveu aujourd'hui... Je parie même
qu'il est encore ici... Parbleu! il est ici!...
Brignol, voulez-vous être assez aimable
pour lui dire que j'ai besoin de lui parler
immédiatement?

BRIGNOL, *à part.* — Au fait, quel mal
y a-t-il? (*Haut.*) Je crois, en effet, qu'il
cause avec ces dames... Je vais vous le
chercher, mon cher commandant.

Il sort.

SCÈNE XI

LE COMMANDANT seul, puis MAURICE

LE COMMANDANT. — Parbleu! j'en suis
sûr... C'est évident... Ça crève les yeux.

Entre Maurice.

MAURICE, *riant.* — Eh bien! mon oncle?...

LE COMMANDANT, *après un silence.* —
C'est toi qui lui as prêté de l'argent, naturellement?

MAURICE. — Mais non.

LE COMMANDANT. — Écoute-moi : je ne
suis pas aussi naïf que tu crois. En
voyant que Brignol venait de m'escroquer
trente mille francs.

MAURICE. — Oh!

LE COMMANDANT. — Le mot est de toi...
En voyant, dis-je, que Brignol venait de
m'escroquer trente mille francs, j'ai eu
l'idée de prendre des renseignements sur
lui, — j'aurais même dû les prendre
avant; — ils sont déplorables, et jamais
Brignol n'aurait trouvé cette somme, si
tu ne la lui avais pas avancée, avoue-le-
moi.

MAURICE. — Et quand cela serait?
Puisque c'est pour vous, elle ne sort pas
de la famille.

LE COMMANDANT. — Alors?...

MAURICE. — Oui, mais n'ayez pas
de scrupule, mon oncle. Je me suis arrangé avec Brignol, qui finira par me la
rendre.

LE COMMANDANT. — Tu es devenu
amoureux de la fille de cet animal, c'est
évident. Quelle bêtise!... Elle est très jolie, sa fille, d'ailleurs.

MAURICE. — Oui.

LE COMMANDANT. — Mais, diable! as-tu
réfléchi seulement à la manière dont cela
pouvait tourner?... Brignol est Brignol,
mon ami. Déplorable histoire! Il est bien
clair que tu ne peux pas songer à épouser
la fille de Brignol.

MAURICE, *hésitant.* — Il n'est pas
question...

LE COMMANDANT. — D'un autre côté,
la famille Brignol n'est pas aussi déconsi-
dérée que Brignol lui-même. Il y a Valpierre, un magistrat très honorable.
J'aime à croire, Maurice, que tu ne son-
ges pas à séduire une jeune fille qui...
Une jeune fille est toujours une jeune
fille... Fichtre, ça serait une chose très
grave.

MAURICE. — Je suis convaincu, d'ailleurs, qu'elle ne se laisserait pas séduire
si aisément.

LE COMMANDANT. — Mais enfin, du moment que tu n'as pas l'intention de l'épouser...

MAURICE, vaguement. — Je ne crois
pas... Non, je ne crois pas que j'aie l'intention de l'épouser...

LE COMMANDANT. — Alors, tu as l'intention de la séduire?... Oh !

LE COMMANDANT. — C'est fantasti-
que?... Voyons, Maurice, tu n'as pas raison de faire des mystères avec moi. Je
comprends tout, moi. Tu me dirais :
« Mon oncle, j'aime la fille de Brignol
assez pour en faire ma femme : j'en serai
quitte pour tenir le père à distance » ;
ma foi, je te répondrais : « Fais ce que tu
veux. » Tu me dirais aussi : « J'enlève demain cette petite fille », je te blâmerais
mais je l'admettrais encore à la rigueur.
Ce ne serait pas la première fois qu'on en-
lèverait une jeune fille. Mais ce que je
trouve bouffon, c'est de ne pas savoir laquelle de ces deux choses tu veux faire.

MAURICE. — Je ne peux pas vous répondre autrement. Je ne le sais pas.

LE COMMANDANT. — Et, dans ces conditions-là, tu continues à la voir tous les
jours.

MAURICE. — Moi? Pas du tout... Je
ne vous ai pas dit ça.

LE COMMANDANT. — Et qu'est-ce que tu
as donc l'intention de faire?

MAURICE. — Je ne sais pas.

LE COMMANDANT. — Mais il n'y a pas
de milieu ! Tu sais bien, que diable ! si tu
veux la séduire ou si tu veux l'épouser?

MAURICE. — Pas du tout. Je sais que
je l'aime, ça j'en suis sûr.

MAURICE. — J'attends qu'il me vienne
une idée.

LE COMMANDANT. — Quelle irrésolution !
Quand je pense que je suis comme ça
aussi !

MAURICE. — Donnez-moi un conseil,
mon oncle?

LE COMMANDANT. — Tu me demandes
un conseil, à moi? (D'un air découragé.)
Comment, malheureux, tu sais que je

n'ai jamais fait que des bêtises, que j'ai gâché ma carrière, que j'ai gaspillé ma fortune au jeu, que je ne suis toujours conduit de la façon la plus stupide, et tu viens me demander un conseil, dans une circonstance de cette gravité ! Tu n'es pas raisonnable.

MAURICE. - Dans ce cas, il ne me reste qu'à continuer. Nous allons, ce soir, au spectacle ensemble. Nous accompagnez-vous ?

LE COMMANDANT. — Jamais. Je ne tiens pas du tout à fréquenter Brignol. Ce n'est pas parce qu'il t'a emprunté de l'argent pour me le rendre que je considère qu'il s'est bien comporté à mon égard : j'aurais pu te l'emprunter aussi bien, moi.

Entre Brignol.

BRIGNOL. — Nous faites-vous l'amitié de rester avec nous, mon cher commandant ?

LE COMMANDANT, *sèchement.* — Je vous remercie... C'est tout à fait impossible.

BRIGNOL. - - Ce sera pour une autre fois, j'espère.

LE COMMANDANT. — Viens-tu, Maurice ?

MAURICE. — Je vous suis... (*A Brignol.*) A ce soir.

BRIGNOL. — A ce soir, mon cher ami... Au revoir, commandant.

SCÈNE XII

BRIGNOL seul, puis CECILE

BRIGNOL, *se frottant les mains.* — Allons ! allons ! Tout cela va admirablement... il ne reste plus qu'à arranger l'affaire de Carriard et lui faire comprendre... Au fond, c'est un bon garçon.

Entre Cécile.

CÉCILE. — Maman demande si nous allons ce soir à l'Opéra-Comique, oui ou non ?

BRIGNOL. — Si nous allons à l'Opéra-Comique !... Mais je crois bien que nous y allons... Va t'habiller, ma chérie... et pendant que nous sommes seuls ensemble un instant, laisse-moi bien te recommander une chose. Ne vois pas la vie en noir, ne perds pas ta bonne humeur. Nous sommes à la veille d'événements très importants, et je connais une petite fille qui sera demain la plus heureuse des femmes.

CÉCILE. — Oh ! oh !

BRIGNOL. — La plus heureuse des femmes, je le répète. Il n'y a plus qu'un obstacle qui puisse s'opposer à ton mariage... ta volonté.

CÉCILE. — Ce ne sera pas un obstacle insurmontable.

BRIGNOL. — Tu aimes Maurice ! J'en suis sûr... Ma chérie, je suis bien heureux... Au fait, pendant que j'y pense. Quelle est ton opinion sur Carriard ?

CÉCILE, *riant.* — Mon opinion sur M. Carriard ? Mais je n'en ai aucune.

BRIGNOL. — Parfaitement, c'est ce qu'il faut...

SCÈNE XIII

CECILE, BRIGNOL, CARRIARD

LA BONNE, *annonçant.* — Monsieur Carriard.

CARRIARD, *il salue Cécile, et bas à Brignol qui va vers lui.* — Avez-vous pris le petit renseignement ?

BRIGNOL, *même jeu.* — Je n'ai pas eu le temps.

CARRIARD, *haut.* — Au fait, c'est inutile... puisque mademoiselle Cécile est là, je vais profiter de l'occasion pour lui parler moi-même... Mademoiselle...

BRIGNOL, *bas.* — Voyons, mon ami, cela ne se fait pas. (*Haut.*) Cécile, je t'en prie, laisse-moi avec Carriard ; j'ai deux mots à lui dire.

CARRIARD, *s'avançant vers Cécile qui fait mine de se retirer.* — Il s'agit d'une chose à la fois très importante et très simple. Cinq minutes suffiront... J'ai eu l'honneur, mademoiselle, de demander votre main à mon ami Brignol. Personnellement, ma démarche lui agrée et il m'a promis d'être mon interprète auprès de vous.

BRIGNOL, *à demi-voix*. — Tout cela est d'une incorrection...

CARRIARD, *sans l'écouter*. — Mon seul mérite, mademoiselle Cécile, est d'être l'ami de votre père, dont cette union est un des désirs les plus chers.

LA BONNE. — MONSIEUR CARRIARD...

BRIGNOL. — Je vous ai toujours dit, Carriard, que ma fille serait libre.

CARRIARD, *toujours à Cécile*. — Nous avons caressé ce projet depuis longtemps, et nous en causions encore tout a l'heure.

CÉCILE, *regardant son père et à Carriard*. — Monsieur...

BRIGNOL. — L'embarras de cette enfant est fort naturel, mon cher ami; il vaudrait mieux...

CARRIARD. — Je ne suis pas assez sot pour réclamer de mademoiselle Cécile une réponse immédiate. Je voulais seulement lui dire devant vous, mon cher ami, que vous approuvez ce mariage de toutes vos forces.

BRIGNOL. — Certainement, mon cher ami, certainement...

CARRIARD. — J'espère que vous ne verrez aucun inconvénient à lui répéter (*A Brignol.*) Parlez, mon cher ami. (*Bas, et d'un ton rude.*) Il s'agit de s'entendre ; vous moquez-vous de moi, oui ou non ?

BRIGNOL, *lui serrant la main*. — Mon cher ami, vous connaissez mes sentiments à votre égard. Il me reste à consulter ma femme.

CARRIARD. — Je vous prie, mon cher ami, de le faire dans le plus bref délai... (*A Cécile.*) J'ai le plus profond respect et beaucoup d'attachement pour Mme Brignol, mais je me permets, mademoiselle, d'insister sur ce point, que j'ai le consentement formel de monsieur votre père.

BRIGNOL, *passant près de sa fille, et bas*. — Dis n'importe quoi, quelque chose de vague, pour qu'il nous laisse tranquilles. Nous arrangerons cela.

CÉCILE. — Monsieur, je ne voudrais pas qu'il y eût le moindre malentendu entre nous. Je suis très flattée de votre démarche...

BRIGNOL. — Bien.

CÉCILE. — Mais je suis incapable d'hypocrisie...

BRIGNOL — Parfaitement.

CÉCILE. — Et je crois que ce mariage ne sera jamais possible.

BRIGNOL. — Eh !

CARRIARD, *regardant Brignol et menaçant*. — Ah ! ah !

BRIGNOL. — Ma fille veut dire, mon cher ami, que peut-être... actuellement, étant données les circonstances... mais bientôt, j'espère...

CÉCILE. — Pardon ! je répète à monsieur Carriard que je suis très touchée de la démarche qu'il a bien voulu faire, mais je ne songe pas à me marier.

CARRIARD. — ALLONS DONC,
VOUS ÊTES UN FARCEUR !

CARRIARD. — C'est un refus définitif ?

BRIGNOL. — Pas du tout, cher ami.

CARRIARD. — Je m'adresse à mademoiselle.

CÉCILE. — Définitif, soit, monsieur. Je ne vous en suis pas moins reconnaissante...

CARRIARD, à *Brignol*. — Dites donc, vous m'avez joué là une comédie !...

BRIGNOL, *même jeu*. — Est-ce ma faute ?

CARRIARD. — Allons donc, vous êtes un farceur !

BRIGNOL. — Carriard, mon ami, vous vous oubliez.

CÉCILE. — Pardon, monsieur, je ne puis pas admettre que vous parliez devant moi sur ce ton et je me retire.

CARRIARD. — Je vous assure, mademoiselle, que vous avez tout intérêt à m'écouter... (*A Brignol*.) Mon cher, vous n'êtes pas malin et je m'attendais à ce tour-là. Le jeune Vernot serait un gendre bien supérieur à moi, je n'en disconviens pas, et j'approuve les efforts que vous avez faits pour l'attirer chez vous. Seulement, et c'est sur ce point, mademoiselle, que j'attire votre attention, il faut que vous soyez fou pour croire que M. Vernot va épouser la fille d'un homme qui a commis vis-à-vis de son oncle une véritable...

BRIGNOL. — Qu'est-ce que c'est que ces paroles-là ?

CARRIARD. — Le commandant a raconté l'histoire partout. Il va vous traîner devant les tribunaux.

BRIGNOL. — Mes occupations ne me permettent pas d'écouter plus longtemps de pareilles sottises... Cependant, je veux bien vous apprendre, si cela peut vous être agréable, que je ne dois plus rien au commandant.

CARRIARD. — Ce n'est pas vrai.

BRIGNOL. — Ce n'est pas vrai ? Je vous trouve superbe !... Voici son reçu.

CARRIARD. — Ah ! ah ! Eh bien ! puisque vous trouvez de l'argent si facilement, vous allez me rendre les sommes que vous me devez, ou nous rirons bien. Vernot vous a prêté de quoi rembourser le com-

mandant, il vous prêtera aussi bien de quoi me rembourser, moi... Mademoiselle, j'ai l'honneur de vous saluer.

Il sort.

SCÈNE XIV

BRIGNOL, CÉCILE

BRIGNOL. — Voilà un homme sur le compte duquel je me suis absolument trompé !

CÉCILE. — Qu'est-ce qu'il y a de vrai dans ce qu'il a dit ? Tu peux bien m'avouer la vérité, voyons. Je ne suis plus une enfant... Est-il exact que M. Vernot nous ait rendu service ?

BRIGNOL. — Là n'est pas la question. Ce que j'admire, c'est la façon inouïe dont on peut arriver à interpréter les choses. Un témoins eût assisté à la scène de tout à l'heure, qu'il m'aurait pris pour un vulgaire filou, ma parole d'honneur ! Enfin ! on est exposé à bien d'autres ennuis dans les affaires !... (*Tirant sa montre.*) Maintenant va t'habiller, ma chérie. Tu n'oublies pas que nous allons au théâtre... Ma foi ! j'ai besoin de cette petite distraction.

CÉCILE. — Comment ! au théâtre... Tu ne supposes pas que je vais aller au théâtre avec ce monsieur ?...

BRIGNOL. — Quel monsieur ? Maurice ?... J'espère, Cécile, que tu ne te laisses pas influencer par les sottises de ce... Je te jure que si j'ai pu être léger en diverses circonstances, jamais je n'ai commis un acte véritablement malhonnête !

CÉCILE. — Oh ! père... est-ce que j'en doute ? Et puis cela ne me regarderait pas. Mais il vaut mieux qu'on ne me voie plus avec M. Vernot, je t'assure que cela vaut mieux...

BRIGNOL. — Mais pourquoi, pourquoi ?

CÉCILE. — Pourquoi ? Parce que je ne veux pas qu'il me prenne pour une petite fille très maligne et même pis !

BRIGNOL. — Allons donc !

CÉCILE, à *elle-même*. — Est-ce que j'ai

réfléchi seulement qu'il était riche? Ai-je fait le plus petit calcul? Et lui, il devait être convaincu que j'étais au courant de tout!... Qu'est-ce qu'il a pensé de moi? Et alors, il ne s'est pas gêné!... C'est charmant!..

BRIGNOL. — Il ne s'est pas gêné avec toi? Qu'est-ce que ça veut dire?

CÉCILE. — Ça veut dire qu'il y a une heure... il m'a fait une déclaration tout bonnement... Il m'a dit qu'il m'aimait...

BRIGNOL. — Une déclaration!

CÉCILE. — Là... Tiens! là! et jamais il n'a songé une minute à m'épouser... Je le comprends, maintenant... jamais, entends-tu? C'est clair comme le jour!... jamais.

BRIGNOL. — Sais-tu que si c'était **vrai,** je ne le souffrirais pas?...

CÉCILE. — Oh!

BRIGNOL. — Sais-tu qu'il aurait affaire à moi!

CÉCILE. — Ce n'est pas la peine de...

BRIGNOL. — Ah! c'est que l'argent que je lui dois me serait bien égal!... Ma petite Cécile, ma petite Cécile, ne me fais pas de reproches, je t'en supplie...

CÉCILE. — Est-ce que je t'en voudrais jamais de quoi que ce soit, mon pauvre père! D'ailleurs, j'ai toujours eu le pressentiment que je resterais vieille fille.

Elle sort.

BRIGNOL. — Il me viendra une idée!

ACTE TROISIÈME

Même décor.

SCÈNE PREMIÈRE

MADAME BRIGNOL, CECILE

MADAME BRIGNOL. — Tu as raconté tout cela à ton père?

CÉCILE. — Oui... Tu savais, n'est-ce pas, que M. Vernot nous avait prêté de l'argent?

MADAME BRIGNOL. — Ton père ne me l'avait pas dit positivement... il ne me dit pas grand'chose, mais je m'en doutais.

CÉCILE. — Quand je pense que ce jeune homme a pu se figurer...

MADAME BRIGNOL. — Il ne faut pas non plus t'exagérer cette vilaine histoire, mon enfant. Dans une situation aussi incertaine, aussi fragile que la nôtre, on est exposé à toute heure à de véritables catastrophes. Je considère comme un miracle qu'il ne s'en soit pas produit depuis vingt ans que cela dure.

CÉCILE. — Enfin!...

MADAME BRIGNOL, *un temps*. — Tu ne l'aimes pas, au moins?

CÉCILE. — Là, n'est pas la question.

MADAME BRIGNOL. — Ma pauvre petite!...

CÉCILE. — Ah! je t'assure que je ne me résigne pas à cette... humiliation sans difficulté.

MADAME BRIGNOL, *un temps*. — Veux-tu que je demande à ta tante de t'emmener avec elle à la campagne, pendant trois ou quatre mois, jusqu'à l'automne?

CÉCILE. — Oui... oh! oui, certes! Voilà une bonne idée.

MADAME BRIGNOL. — Je l'attends justement tout à l'heure.

CÉCILE. — Ah! l'excellente idée! D'ici là...

MADAME BRIGNOL. — D'ici là, il faudra bien que ton père trouve une... combinaison, comme il dit; et s'il ne la trouve pas, moi, je m'en charge.

CÉCILE. — Pourvu qu'il consente...

MADAME BRIGNOL. — Ton père? Il consentira, n'aie donc pas d'inquiétude de ce côté-là.

CÉCILE, *souriant*. — Trois mois sans voir de papier timbré! je reviendrai pleine de force pour combattre nos créanciers de l'hiver prochain.

MADAME BRIGNOL. — J'en aurais bien besoin aussi.

SCÈNE II

LES MÊMES, BRIGNOL

BRIGNOL, *entrant, des papiers à la main*. — Bonjour, mes enfants!... (*A Cécile.*) Tu as dit à ta mère...?

CÉCILE. — Oui.

BRIGNOL, *à sa femme*. — Ah! tu sais!

MADAME BRIGNOL. — Oui.

BRIGNOL. — Parfait, parfait!... Ce Carriard! un envieux!... Mais, j'ai réfléchi, depuis hier...

CÉCILE. — Moi aussi.

BRIGNOL. — Pas autant que moi. Mon avis est que nous aurions le plus grand tort de tenir compte des insinuations de ce drôle... C'est d'ailleurs une chose inouïe comme on arrive parfois à faire fausse route. Un exemple : Je me suis amusé, ce matin, à établir le compte de toutes nos dettes. Combien t'imagines-tu que nous devons?

MADAME BRIGNOL. — Eh!

BRIGNOL. — Dis un chiffre...

MADAME BRIGNOL. — Puisque...

BRIGNOL, *additionnant sur un calepin qu'il sort de sa poche*. — Soixante-huit mille trois cent cinquante. J'ai découvert que nous devions à peine soixante-huit mille trois cent cinquante francs. J'ai beau chercher dans ma mémoire, j'ai beau fouiller mes notes, je ne trouve pas un centime de plus.

CÉCILE. — C'est gentil.

BRIGNOL. — Encore, je mentionne là des dettes très anciennes, dont les titulaires **ont** probablement disparu et que je ne pourrais pas payer, même si je le voulais. Ainsi, avec une somme relativement faible, je désintéresserais l'ensemble de mes créanciers.

MADAME BRIGNOL. — Il ne reste qu'à la gagner.

BRIGNOL. — Je suis très content d'avoir fait ce compte, car je croyais devoir beaucoup plus... Eh bien! je pose en principe que, dans ces conditions-là, une situation ne peut manquer de s'arranger d'une manière ou d'une autre.

MADAME BRIGNOL. — Tu crois?

BRIGNOL, *à sa femme*. — Ton frère, qui a toujours mené une existence régulière, est convaincu que je suis un homme perdu... (*Prenant un papier.*) Tiens! je l'oubliais... (*Il inscrit un chiffre.*) Laissons-le dire, mes enfants, et prenons patience.

MADAME BRIGNOL. — Veux-tu me faire l'amitié de m'écouter, au lieu de te livrer à des calculs bien inutiles pour l'instant?

BRIGNOL. — Eh! qu'y a-t-il donc?

MADAME BRIGNOL. — Il y a que je vais faire partir Cécile avec son oncle et sa tante, dès demain, à la campagne.

BRIGNOL. — A la campagne! Pourquoi?

MADAME BRIGNOL. — Parce qu'il ne faut plus, tu entends? il ne faut plus que cette enfant se trouve ici avec M. Vernot.

BRIGNOL. — Voyons... Ne précipitons rien... Je ne peux pas croire, non! je ne croirai jamais que M. Vernot, que Maurice, s'il n'avait pas l'intention de demander ta main, t'ait fait une pareille insulte!... Oh!

CÉCILE. — Ah! ah!

MADAME BRIGNOL. — Aie donc le courage de t'avouer franchement les choses et de ne pas te forger des illusions, comme toujours. Il ne s'agit pas d'une affaire. Cette fois-ci, il s'agit de ta fille.

CÉCILE, *allant à lui*. — Va, père! laisse-moi partir tranquillement, et ne causons plus de tout cela. (*Souriant.*) Tu conviendras que ces discussions sont humiliantes pour moi... Et puis, j'ai la pressentiment que si je me mariais avec lui, maintenant, je ne serais pas heureuse... Oui... c'est une superstition.

BRIGNOL, *faisant des gestes énergi-*

Pouvez-vous vous charger de Cécile, pendant les vacances?

MADAME VALPIERRE.— Comment donc? Mais avec le plus grand plaisir... J'y pen-

BRIGNOL. — TIENS! JE L'OUBLIAIS...

ques et, à lui-même, en s'éloignant. — N'importe : je saurai tout à l'heure... et si... nous verrons! (*Revenant à Cécile.*) Et tu partirais?

CÉCILE. — Demain.

BRIGNOL. — Demain... nous verrons, nous verrons!

SCÈNE III

LES MÊMES, MADAME VALPIERRE

MADAME BRIGNOL, *s'avançant.* — Je vous attendais avec impatience, ma chère amie... C'est une idée qui m'est venue...

sais même ces jours-ci. Nous t'emmenons, ma chérie...

CÉCILE. — Vrai?

MADAME VALPIERRE. — Et nous retarderons notre départ, s'il le faut.

MADAME BRIGNOL. — C'est inutile; le plus tôt sera le mieux, au contraire.

BRIGNOL. — Je vous remercie, ma chère amie...

MADAME VALPIERRE. — Nous le faisons dans son intérêt...

CÉCILE. — Tu permets, père, que je t'emporte quelques livres? La bibliothèque de mon oncle doit être trop austère pour moi...

BRIGNOL, *à Madame Valpierre.* — Est-ce que je verrai Valpierre, avant son départ?

MADAME VALPIERRE. — Si vous voulez.

BRIGNOL. — J'y tiens. Je n'admets pas qu'il subsiste entre nous l'ombre d'un malentendu. Il ne s'en va pas fâché contre moi, j'espère? (*Madame Valpierre ne répond pas.*) Il n'y a aucune raison, n'est-ce pas?

MADAME VALPIERRE. — Mon mari m'a recommandé, en venant ici, d'éviter de causer d'affaires avec vous.

BRIGNOL. — Je serais désolé qu'il s'en allât avec une arrière-pensée... (*Madame Valpierre fait le geste de quelqu'un qui ne veut pas engager de conversation.*) Je lui donnerai, s'il le faut, des preuves qu'il s'est mépris radicalement sur mes intentions dans plusieurs circonstances... (*Même jeu de Madame Valpierre.*) Je suis capable de plus d'énergie que vous ne pensez et je suis fermement résolu, d'ailleurs, dès que j'aurai réglé diverses affaires, à ne plus habiter Paris. (*Même jeu.*) Sachez que si cela était nécessaire, j'irais même à l'étranger pour m'y faire une position. Je ne suis pas embarrassé! (*Il se promène sur la scène.*) Ma parole d'honneur, on dirait que vous et Valpierre, ne cherchez qu'à me décourager.

MADAME VALPIERRE. — Je ne vous dis rien.

BRIGNOL. — Vous ne me quittez, ni l'un ni l'autre, comme on doit quitter ses parents. Valpierre est furieux contre moi pour des enfantillages; je ne puis pas aller me jeter à ses pieds... Que voulez-vous? il y a certaines choses dans la vie que je ne me résoudrai jamais à prendre au tragique. C'est un sens qui me manque.

MADAME VALPIERRE. — Je n'ai pas de conseils à vous donner.

BRIGNOL. — J'irai, moi, chez Valpierre, et il faudra que nous nous serrions la main. (*La bonne entre et annonce M. Vernot. A sa femme.*) Ah! voici Vernot. Je t'assure que je vais savoir... (*Les dames se retirent. Seul.*) Décidément, il ne faut compter que sur soi.

SCÈNE IV

BRIGNOL, MAURICE

MAURICE. — Mon cher monsieur Brignol, je viens vous chercher pour cette place dont je vous ai parlé ces jours-ci. Elle est libre justement et vous conviendrait tout à fait.

BRIGNOL. — Oui, oui...

MAURICE. — Sortons-nous? Je vais vous présenter tout de suite.

BRIGNOL, *un temps*. — Mon cher ami, je dois vous dire cela à vous qui avez été toujours fort aimable avec moi et qui m'avez obligé à plusieurs reprises... (*Geste de Maurice.*) Je ne l'ai pas oublié... Eh bien! mon ami, je suis sur le point de prendre une détermination des plus énergiques.

MAURICE. — Eh! que vous est-il arrivé?

BRIGNOL. — Rien de particulier... Mais, voulez-vous mon opinion? Je sens qu'à Paris je ne me tirerai jamais d'affaire.

MAURICE. — Oh!

BRIGNOL. — J'en causais tout à l'heure avec ma belle-sœur, et je suis à peu près décidé à quitter non seulement Paris, mais la France...

MAURICE. — Ah ça!

BRIGNOL. — Il y a à l'étranger bien plus de ressources que chez nous... L'initiative y est plus facile, et j'ai une foule d'idées que je ne peux pas appliquer ici et que j'appliquerai là-bas...

MAURICE. — Là-bas... où?

BRIGNOL. — Je ne suis pas encore fixé.

MAURICE, *à part*. — Que diable s'est-il passé? (*Haut.*) Permettez-moi de vous dire, mon cher monsieur Brignol, que tout cela me parait bien précipité.

BRIGNOL. — Toutes les résolutions que j'ai prises dans ma vie, je les ai prises comme ça. Avant de partir, je vous ferai un reçu en règle des sommes que vous m'avez prêtées. Eh! mon ami, on ne sait ni qui vit ni qui meurt.

MAURICE. — Bah!

Brignol, *regardant Maurice.* — Et, en attendant, afin de n'être pas gêné dans les démarches que je serai obligé de faire, je vais expédier tout mon monde à la campagne, chez Valpierre.

Maurice. — A Poitiers ?

Brignol. — A Poitiers, oui...

Maurice. — Madame Brignol et...

Brignol. — Et ma fille... La campagne leur fera le plus grand bien... (*Embarras de Maurice et silence.*) Elles vont partir demain.

Maurice. — Demain !

Brignol. — Matin... avec mon beau-frère... Et vous, mon cher ami, avez-vous des projets pour cet été ?

Maurice, *machinalement.* — Non... je ne vois pas...

Brignol. — Le commandant est bien portant ?

Maurice. — Je le suppose... Et la petite migraine qui a empêché Mlle Cécile d'aller au théâtre hier soir est passée, j'espère ?

Brignol. — Absolument, je vous remercie. (*La bonne entre et remet à Brignol un papier timbré.*) Voyons... « *Nous, Perrot, huissier-audiencier, à la requête du sieur Carriard...* » Ah ! ah ! C'est de Carriard ! En vingt-quatre heures ! Il n'a pas perdu de temps !... (*Haussant les épaules.*) Quel imbécile !

Maurice. — Monsieur Carriard vous envoie du papier timbré ?

Brignol. — Ça n'a aucune importance. (*Maurice met la main à son portefeuille.*) Allons donc, mon ami ! Je vous remercie cette fois-ci, mais je n'y consentirai sous aucun prétexte. Il y a des limites à tout, mon ami, à tout... J'arrangerai cela moi-même...

Le Commandant, *entrant.* — Mon cher Brignol !...

Brignol. — Mon cher commandant.

Le Commandant, *à Maurice.* — J'ai besoin de te parler, je viens de chez toi.

Maurice. — Je suis à vous, mon oncle (*Prenant son chapeau.*) Est-ce que je puis présenter mes devoirs à Mme Brignol et à Mlle Cécile ?

Brignol. — Ces dames étaient ab-

sentes. Je vais voir si elles sont rentrées... Allons, c'est fini...

Il sort.

Maurice, *à part.* — Qu'est-ce qui a pu se passer ?

SCÈNE V

LE COMMANDANT, MAURICE

Le Commandant. — J'ai supposé que tu étais chez Brignol... naturellement.

Maurice. — Vous avez donc quelque chose de pressé à me raconter ?

Le Commandant. — Oui... (*Piteusement.*) J'ai envie de m'en aller.

Maurice. — Où ça ?

Le Commandant. — Loin... très loin.

Maurice. — Vous avez perdu, cette nuit ?

Le Commandant. — Trois mille francs.

Maurice. — Fichtre ! Et le système ?

Le Commandant. — Je n'ai pas joué le système, j'ai joué au hasard. Et j'ai bien vu, mon ami, que dès que je serai autour d'une table de baccara, je jouerai toujours au hasard. Je suis rentré chez moi à cinq heures du matin : j'ai très mal dormi et j'ai fait les réflexions les plus tristes.

Maurice. — Alors ?

Le Commandant. — Alors, je n'ai qu'un parti à prendre. Voilà cinq ans que je n'ai pas quitté Paris, et je suis fermement décidé à me retirer pendant toute la saison, dans un coin, au bord de la mer, où je me reposerai et où, surtout, je n'aurai pas occasion de toucher une carte.

Maurice, *riant.* — Que diriez-vous de Trouville ?

Le Commandant. — Ne te moque pas de moi. Et même, entre nous, si tu étais raisonnable, tu m'accompagnerais. Nous partirions par le train de cinq heures.

Maurice, *distraitement.* — Vous accompagner...

Le Commandant, *lui frappant sur l'épaule.* — Ton affaire ici n'est pas bonne, mon cher ami... Arrête-toi, tu ne vois pas où tu vas et tu ne peux faire que des sottises.

MAURICE. — Hum!

LE COMMANDANT. — Des sottises, et les plus grandes. Voyons, Maurice, tu sais bien que tu serais fou d'épouser la fille de Brignol, à ton âge et dans de pareilles conditions. Ne sois donc pas naïf comme cela! D'ailleurs, je ne te cache pas que j'entraverai ce mariage autant qu'il me sera possible, et jusqu'au dernier moment je te répéterai que tu as tort.

MAURICE. — Il s'est passé quelque chose ici, depuis hier, j'en suis certain.

LE COMMANDANT. — Ah! mon pauvre ami, si tu veux savoir ce qui se passe ou ce qui ne se passe pas chez Brignol!... J'admets, et je suis le premier à t'en blâmer, que tu te sois conduit très légèrement avec cette jeune fille... Mais enfin, tu as sauvé son père d'une situation horriblement critique, c'est jusqu'à un certain point une excuse et une compensation.

MAURICE. — Elle s'en va.

LE COMMANDANT. — Elle s'en va?

MAURICE. — Chez son oncle, à la campagne. Et Brignol ne parle que d'aller à l'étranger. Comprenez-vous cela?

LE COMMANDANT. — Ah! sapristi! si j'essaie jamais de comprendre un mot à ce que fait Brignol!... Eh! bien, puisqu'elle s'en va, va-t'en aussi... (*Le poussant vers la porte.*) Allons-nous-en! J'ai un fiacre en bas...

MAURICE. — Pourquoi diable s'en va-t-elle?

LE COMMANDANT. — Tu ne le trouveras pas, sois tranquille.

MAURICE. — Il faudrait, au moins, que je prévinsse Brignol.

LE COMMANDANT. — Tu lui écriras de Bretagne, à Brignol!... Tu ne peux donc plus voyager sans sa permission? C'est inouï. (*Il le saisit par le bras.*) Allons-nous-en! Allons-nous-en!

Il l'entraîne et ils sortent tous les deux ;
Maurice, en secouant la tête.

SCÈNE VI

CECILE, seule.

Elle a attendu qu'ils fussent partis. Alors, elle s'avance vers la bibliothèque, et continue à faire le paquet de livres qu'elle avait commencé à une des scènes précédentes.

Je voudrais être à demain.

CÉCILE. — JE VOUDRAIS ÊTRE A DEMAIN.

SCÈNE VII

MAURICE, CECILE

MAURICE *rentre brusquement sans voir Cécile d'abord, et dit :* — Je vais laisser un mot à Brignol, c'est ce qu'il y a de plus simple. (*Il aperçoit Cécile qui, en le voyant, se retire.*) Eh! mademoiselle Cécile, comme vous partez vite!

CÉCILE. — Mais pas du tout. Je venais chercher ces quelques livres...

MAURICE. — Monsieur votre père m'a dit que vous quittiez Paris bientôt?

CÉCILE. — En effet. Je m'en vais demain... Ma tante veut bien me garder quelque temps avec elle...

MAURICE. — Vous paraissez très heureuse de ce départ?

CÉCILE. — Très heureuse... Au revoir, donc, monsieur...

MAURICE. — Mais nous sommes donc fâchés, mademoiselle?

CÉCILE. — Fâchés! Où prenez-vous que nous soyons fâchés... Voici la belle saison... je pars. Je suppose que vous partez également. Je vous fais mes adieux, rien n'est plus naturel...

MAURICE. — D'abord, je ne pars pas.

CÉCILE. — Cela ne fait rien... monsieur.

MAURICE. — Voyons, mademoiselle, j'ai bien le droit, il me semble, d'être légèrement surpris de ce brusque changement de manières à mon égard. Je mérite au moins que vous me donniez une raison.

CÉCILE. — Ah! oui, j'oubliais... (*Prenant des livres sur la petite table.*) J'ai appris hier, tout à fait par hasard, que vous aviez rendu un grand service à mon père. (*Mouvement de Maurice.*) Je ne vous en ai pas remercié encore, mais je profite bien volontiers de cette occasion pour le faire...

MAURICE. — Je ne vous demande pas cela du tout... par exemple! J'ai rendu à M. Brignol ce service bien mince!...

CÉCILE. — Pardon. Je vous en suis très reconnaissante.

MAURICE, *riant.* — Il n'y a vraiment pas de quoi... Et je n'ai pas la prétention d'avoir sauvé la vie à votre père en lui prêtant quelques... N'en parlons plus, je vous en prie...

CÉCILE. — Mais pourquoi?... L'argent pour la plupart des hommes est une chose tellement précieuse, tellement sacrée, qu'ils peuvent se croire tout permis envers ceux à qui ils ont daigné en prêter quelques miettes... Ils peuvent même le leur réclamer d'une façon arrogante et brutale...

MAURICE. — Oh!

CÉCILE. — Tenez, moi, j'ai vu mon père traité comme le dernier des êtres, devant moi, par un individu à qui il doit des sommes insignifiantes!...

MAURICE. — J'espère que vous ne me comparez pas?...

CÉCILE. — Non, certes, je ne vous compare pas à ce M. Carriard... Vous êtes certainement mieux élevé. Mais il y a une chose que je n'oublierai jamais et je vous le dis, puisque vous me demandez une explication. C'est que vous avez abusé de la situation où mon père était vis-à-vis de vous pour vous conduire comme vous l'avez fait!

MAURICE. — Moi?...

CÉCILE. — Oh! je comprends très bien que vous n'ayez pas songé à épouser, dans votre position, la fille d'un homme sans fortune, devenu même votre débiteur... Je connais assez la vie pour savoir que ces mariages ne se font guère. Mais ce que je ne vous pardonne pas, c'est de m'avoir cru capable, sous prétexte que vous êtes riche, de...

MAURICE. — Je vous jure, Cécile...

CÉCILE. — Hier, là, presque à cette place où nous sommes, vous m'avez dit que vous m'aimiez... Qui sait? Si nous avions été seuls, vous m'auriez peut-être fixé un rendez vous! Et si vous avez osé me parler ainsi, si vous avez pensé cela de moi, c'est parce que mon père était votre obligé. Vous vous êtes dit : « Voilà une petite fille qui a assez de l'existence qu'elle mène au milieu d'ennuis de toutes sortes. Elle est sans avenir, sans dot, elle n'a aucune chance de se marier. Elle va être enchantée de ce que je vais lui offrir... » C'est en cela, monsieur, que vous vous êtes trompé. Je ne crois pas, en effet, avoir un avenir très brillant, mais je saurai m'y résigner. J'ignore si mon père a commis des fautes et je ne veux pas le savoir... Je sais seulement que c'est un homme bon, généreux, et qu'il m'aime de toutes ses forces. Je ne le quitterai jamais, et en croyant que j'en étais capable, vous avez eu une pensée qui n'est ni loyale, ni jolie... Remarquez que si je vous dis tout cela, c'est afin qu'il n'y ait pas de malentendu entre nous et que vous

vous borniez dorénavant à traiter vos affaires avec mon père sans chercher à me revoir... Vous permettez que je me retire, n'est-ce pas?

MAURICE. — Je n'ai qu'un mot à vous répondre, mademoiselle. Vous vous êtes trompée sur mes intentions de la façon la plus inouïe...

CÉCILE. — Je vous remercie de ce semblant d'excuses.

MAURICE. — Eh bien! non, je ne veux pas vous faire de mensonges... Non, Cécile, je n'ai pas été loyal avec vous. Je vous aime, et aujourd'hui peut-être j'allais vous laisser partir, j'allais partir moi-même et ne plus vous voir! Etais-je fou? Est-il possible que j'aie jamais eu d'autre pensée, de plus cher désir que d'être votre mari?... Ah! je suis un pauvre niais qui n'a pas vu où était son bonheur, où était sa vie.... Votre amour, Cécile, je ne le mérite pas, c'est à peine si je mérite votre pardon... Pardonnez-moi Cécile... pardonnez-moi doucement, sans me faire de reproches, sans me rien dire, en me tendant la main, simplement.

Cécile lui tend la main, il la baise. Cécile va chercher le paquet de livres laissé sur la table.

LE COMMANDANT. — Ah ça! voilà une heure!... Pardon, mademoiselle...

CÉCILE, *s'inclinant.* — Monsieur...

MAURICE, *à Cécile.* — Mon oncle arrive à souhait... Nous allons attendre votre père ici.

CÉCILE, *à Maurice.* — A bientôt!

Elle sort.

———

SCÈNE VIII

———

LE COMMANDANT, MAURICE

LE COMMANDANT. — Partons-nous en Bretagne, oui ou non? Je suis fatigué, moi, et je m'étais assoupi dans la voiture.

MAURICE. — Nous ne partons pas.

LE COMMANDANT. — Bon! Alors, comme je me suis couché à cinq heures du matin, tu ne trouveras pas mauvais que j'aille faire un petit somme.

MAURICE. — Mon oncle, écoutez-moi une minute, je vous en prie. Asseyez-vous... Je viens de rencontrer Cécile, ici...

LE COMMANDANT. — Eh bien?

MAURICE. — Nous avons causé quelques instants et je... je l'épouse. Ce n'est pas la peine que je prenne des précautions pour vous annoncer cette nouvelle.

LE COMMANDANT. — Tu l'épouses? C'est bien... Tu as l'âge de te marier et de savoir ce que tu fais.

MAURICE. — Vraiment, est-ce que vous désapprouvez?

LE COMMANDANT. — Ce que je désapprouvais surtout, c'était ton irrésolution; mais du moment que tu es décidé à quelque chose, je te félicite.

MAURICE. — C'est la plus charmante fille que j'aie vue de ma vie.

LE COMMANDANT. — Tu aurais dû me dire cela tout de suite, je serais allé me recoucher.

MAURICE. — Il aurait fallu vous lever tout de même, mon oncle.

LE COMMANDANT. — Pourquoi?

MAURICE. — Mais, pour venir faire la demande. Vous êtes mon parent le plus proche.

LE COMMANDANT. — Demander moi-même à Brignol la main de sa fille! Jamais!... (*Il se lève.*) Tu n'obtiendras jamais cela de moi, après la conduite de Brignol à mon égard...

MAURICE, *se levant.* — Mon oncle...

LE COMMANDANT. — Il est inutile d'insister. Jamais, te dis-je!

MAURICE. — Mon oncle, vous avez été mon tuteur. Vous êtes mon seul parent; c'est à vous d'intervenir dans cette circonstance. (*Lui prenant le bras.*) Vous allez donc me rendre le service d'attendre ici monsieur Brignol qui va rentrer bientôt, et vous lui demanderez la main de sa fille pour votre neveu. Je vous donne un quart d'heure, je vous ai assez consulté, pour qu'à votre tour...

MAURICE. — PARDONNEZ-
MOI, CÉCILE...

LE COMMANDANT. — Si Brignol n'est pas ici dans un quart d'heure, je m'en vais.

MAURICE. — Il y sera.

LE COMMANDANT. — A propos, qu'est-ce que tu vas en faire de ce beau-père-là?

MAURICE. — J'y songe depuis quinze jours. Je le caserai dans ma propriété de Poitiers.

LE COMMANDANT. — Fichtre!...

MAURICE. Nous n'y allons presque jamais, ni vous ni moi. Elle ne nous sert à rien. J'en achèterai une autre où il y aura une chasse pour vous.

LE COMMANDANT. — Parfait, parfait! Sois ici dans vingt minutes, ton affaire sera terminée. Prends le fiacre et remporte la valise chez moi. Cela te fera passer le temps.

Sort Maurice.

SCÈNE IX

LE COMMANDANT, seul. — Dix-sept coups de suite! J'ai perdu dix-sept coups de suite. Ça n'était pas arrivé au Cercle depuis trois ans... C'est phénoménal! Décidément, je suis numéroté!

Il s'assoupit progressivement et s'endort, la tête appuyée sur son coude droit.

SCÈNE X

LE COMMANDANT, BRIGNOL

BRIGNOL, il entre, des journaux à la main, va les placer sur son bureau et aperçoit quelqu'un qui dort. — Un client! Tiens, il dort... Mais c'est le commandant!

LE COMMANDANT, se réveillant. — Ah! Brignol! (Il se lève.) Monsieur...

BRIGNOL. — Ne vous gênez pas, mon cher commandant, vous êtes chez vous. Qu'est-ce qui me vaut le plaisir de votre visite?

LE COMMANDANT. — Deux mots à vous dire.

BRIGNOL. — Reposez-vous, mon cher commandant, je vous écoute.

LE COMMANDANT, après un silence. — Ah! vous pouvez vous vanter de m'avoir porté une jolie guigne, vous!

BRIGNOL. — En quoi est-ce de ma faute, si vous perdez toujours?

LE COMMANDANT. — Mais ce n'est pas de cela qu'il s'agit... Je devais partir à cinq heures avec mon neveu en Bretagne, c'était convenu.

BRIGNOL. — Vous partez?

LE COMMANDANT. — Au lieu d'aller en Bretagne, nous sommes revenus chez vous. Et savez-vous ce que je viens y faire chez vous?... (Geste de Brignol.) Je viens vous demander la main de votre fille pour lui.

BRIGNOL., s'avançant vers le commandant, les deux mains tendues. — Mon cher commandant, vous êtes l'homme que j'estime le plus, et je suis on ne peut plus heureux de cette union avec votre famille. C'était mon rêve, je ne vous le dissimule pas.

Entre Maurice.

SCÈNE XI

LES MÊMES, MAURICE

BRIGNOL, à Maurice. — Approchez, mon cher enfant... (Lui tendant les mains.) Vous êtes un brave garçon et je vous aime bien.

MAURICE. — Mon cher monsieur Brignol...

BRIGNOL. — Je vais vous chercher votre femme.

Il sort.

SCÈNE XII

MAURICE,
LE COMMANDANT

LE COMMANDANT. — Il commence à me devenir très sympathique, Brignol.

MAURICE. — Quand il n'aura plus de créanciers, ce sera un beau-père délicieux.

SCÈNE XIII

LES MÊMES, puis d'abord MADAME BRIGNOL et CÉCILE, puis MADAME VALPIERRE ET BRIGNOL

MADAME BRIGNOL, à *Maurice.* — Monsieur, je suis heureuse de vous donner ma fille.

BRIGNOL, à *Madame Valpierre, à part.* — Eh bien! vous le voyez... tout s'arrange.

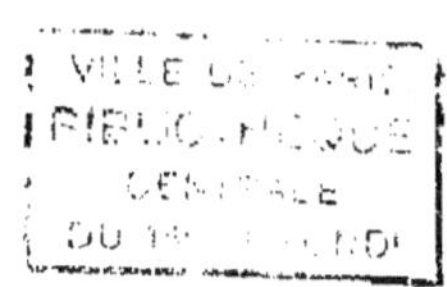